JN028610

もしもワニに襲われたら

ジョシュア・ペイビン　デビッド・ボーゲニクト　著

梅澤乃奈　訳

文響社

The Worst-Case Scenario Survival Handbook: Expert Advice
for Extreme Situations, 20th Anniversary Edition
by Joshua Piven and David Borgenicht
illustrated by Brenda Brown
Copyright 1999–2019 by Quirk Productions, Inc.

All rights reserved.
First published in English by Quirk Books, Philadelphia,
 Pennsylvania,
Japanese translation rights arranged with Quirk Productions,
Inc. through Japan UNI Agency, Inc., Tokyo

警告

　命の危機が目前に迫ったときや恐ろしい状況に追いこまれたとき、どこを探しても安全な逃げ道など見つからないかもしれません。本書で紹介するような窮地に陥ったときにおすすめする対処法は、特別な知識を持つ専門家の助言に従うことです（おすすめというより、絶対に従ってください）。とはいえ、窮地に陥ったときに必ずしも専門家が傍にいてくれるとは限らないので、ありとあらゆる危険な事態を切り抜けるために役立つ技術を、前もって聞いておきました。

　本書に記されている情報を実践して負傷した場合、不適切な状況下であれば言うまでもなく、たとえ適切な状況下であったとしても、出版社、著者、そして専門家、すべての関係者は全責任を放棄いたします。本書が紹介する技術や情報はすべて専門家が提案したものではありますが、それらが必ずしも完璧な解決策であること、安全であること、適切であることは保証しません。さらに、読者の皆さんが持ち合わせている正しい判断力と一般常識を無視してまで従えというものではありません。

　最後に、本書は他者の権利侵害や、法律に違反することを推奨するものではありません。読者の皆さんには、法律を守り、財産権を含む他者のあらゆる権利を尊重していただきますよう、心よりお願い申し上げます。

—— 著者より

もくじ

チャプター 3
危険生物との戦い

チャプター 4
最高のディフェンス

チャプター5

これ以上ない突入と脱出をキメる方法

チャプター6

とにかく自分を信じる

チャプター7
危機的状況

序文

30年間、10万人以上に伝えてきた
サバイバル術

　私の名はメル・デュース。米軍でも実践されているプログラムの１つであるSERE（生存〈Survival〉、回避〈Evasion〉、抵抗〈Resistance〉、脱走〈Escape〉の頭文字を取ったもの）のインストラクターだ。世界中でいくつもの訓練を開発しては発表し、実際に体験し、教えてきた。生徒数は、10万人以上にも及び、民間人から海軍飛行士、そしてアメリカ海軍特殊部隊といったエリート軍団まで多岐にわたる。サバイバル訓練の経験は30年を超え、北極圏からカナダの荒野まで、さらにはフィリピンのジャングルからオーストラリアの砂漠までと経験豊富だ。長年の経験で学んだことのいくつかを、ここで紹介しよう。

　どんな状況だろうが、場所が山だろうが機内だろうが、車で国を横断中だろうが、“サバイバル”とはつまり、生きのびること、呼吸を続けること、存在し続けること、生きていること、これらすべてと同じ意味だ。この世に居続けること、または生き続けるということだ。結局のところ、それが何よりも大切なのだ。生き続けること。どれだけ危機的状況に陥ったとしても。

その1 十分に準備しておくべし
〜おしっこだって「備品」の1つ〜

　北極圏での特訓は、究極のサバイバル・アドベンチャーだと言っても過言ではない。言葉にならないほど厳しくて容赦ない環境だが、イヌイットはそこで生きのびているだけではなく、実際に生活を営んでいるのだ。北極圏でのサバイバルに必要な備品はすべて持参しなくてはならない。即興で対応していたら、ほとんどの場合で失敗するからだ。

　ある朝、我々はイグルーの中で身を寄せ合って温かいお茶を飲んでいた。年配のイヌイットであるガイド役が、我々よりも数杯、お茶を多く飲んでいた。「よほど喉が渇いているんだな」、私はそう思った。朝の日課である凍った大地のトレッキングを終えてキャンプ地に到着すると、年配のガイドが小山へと歩いて向かった。若いガイドが彼の言葉を通訳してくれた。「ここは、キツネが見張りにくる小山です。罠を仕掛けるのにいい場所ですよ」と。そこで年配のガイドがとらばさみを取り出し、地面に置き、チェーンを設置すると、驚いたことにチェーンの先端に放尿したのだ。すると尿が凍りついて、罠が地面にしっかり固定されたではないか！　若いガイドが「あんなにたくさんのお茶を飲んでいたのは、罠を固定するためだったんですよ！」と説明してくれた。

　学んだこと：機転と即興こそサバイバルである。

その2 パニックになるべからず
〜間違っても、軌道修正はできる〜

　サバイバル・スキルで最も重要なのは、自らを律する力である。質の悪い病気である「もうダメだ病」にかからないように気をつけよう。精神力というものは、どうしようもない

失敗を犯したときにこそ試されるものだ。

　フィリピンのジャングルを探索したとき、年配のガイドであるガニーはトレッキング中に多種多様な植物を採取していた。そしてキャンプ地に到着すると、ガニーは竹を使って巧みに調理用の筒を作り上げた。筒の中に植物の葉とカタツムリ（年配の男たちは動きの遅いカタツムリを、若者たちは動きの速いエビを捕まえていた）、そしてスライスしたグリーンマンゴーを数切れ入れた。私には何だかわからなかったものも、いくつか加えていた。そして水を入れて、タロ芋の葉で包んだ筒を火にかけた。

　ジャングルのご馳走を食べて眠りについた。その夜、私は喉の痛み、締めつけ、そして痒みを覚えた。辺りは真っ暗闇だし、文明社会からは遠く離れているというのに、私の気道は着実に狭（せば）まっていくのだ。翌朝、症状は悪化していた。ガイドも同様の症状に苦しんでおり、そのおかげで不調の原因を突き止めることができた。タロ芋の葉を十分に加熱していなかったのだ。数時間後に体調は回復したが、身をもって学んだ教訓を私は精神に刻みこんだ。「ジャングルを知り尽くした男でも間違いは犯す」ということだ。

　誰にも間違いはある。それを克服することが、サバイバルなのだ。

その3 サバイバルプランを決めておくべし
〜合図を出せるもの、救急セットも忘れずに〜

　熱帯環境は、楽にサバイバルできる環境の1つだ。食料、火種、水、避難所……探すポイントさえわかっていれば、サバイバルに必要なものをすべて手に入れられる。別のジャングルで行った軍のサバイバル訓練では、どれだけ水を欲して

いようが、主要な水源や川、水域などに移動するわけにはいかなかった。敵が我々の痕跡を追い、周囲を観察していたからだ。生い茂った枝葉の向こう側をのぞき見ながら、ガイドのペペがジャングル用のボロ（大型のナイフ）でブドウのツルによく似た直径7〜10センチほどの太い植物を指し示すと、彼はツルの先端を切ってから下部を切り離し、私に手招きをした。そして私の乾ききった唇の上でツルを握ったのだ。すると、すばらしいことが起きたのだ！　大きなグラスで水を飲んでいるようだった。次に彼が切ってくれた籐からも、同量の水を得ることができた。これを利用しない手はないと、容器代わりの竹の筒を切り口の下に設置して一晩おくことにした。翌朝早くに確認してみると、容器には5〜7リットルほどの水が溜まっていた。

　雨が降る中、ペペは草を一束刈りとった。そして滑らかな樹皮の木に巻きつけて蛇口を作ってみせた。そこに竹で作ったコップを近づけて雨水を集めたのだ。その夜、我々は安全地帯へ到着したあと、ジャングルを包む暗闇の中で、たき火の炎に照らされて座りこんでいた。ペペが笑って言った。「今回も敵をうまくまいて、無事に戻ってこられたな」。

　シンプルな言い回しだが、このフレーズは我々のモットーとなった。それどころか、自覚の有無にかかわらず、「無事に戻ってくる」というフレーズは、すべてのサバイバル・トレーナーにとってのモットーである。

　本書も、あなたが無事に戻ってくる助けとなるかもしれない。

メル・デュース
SEREのインストラクター

まえがき

　いい知らせと、悪い知らせをお伝えしなければいけません。

　まず、悪い知らせからいきましょうか。非常に残念ではありますが、この世の中は、まだまだ危険なことでいっぱいであります。

　どれだけ気をつけていようとも、どれだけテクノロジーや医療が発展しようとも、どれだけ世界の関心が高まろうとも、何百万人以上もの人々が過去20年の間に私どもが出版してきた手引き書を読んでくれていようとも（「エンタメ性も抜群でありながら、的確な助言をくれる最高の書籍によって命を救われた」という報告を実際に数名の読者の方からいただいております）、曲がり角やドアの向こうには危険が影をひそめて待ち伏せしているのです。

　いつ日常が壊れてしまうかなんて、誰にもわかりません。最悪の結果を招いてしまうことだってあるでしょう。

　ここで、いい知らせをお伝えしましょうね。大丈夫、私どもがついています。

　いざというときに何をすべきか、お教えしましょう。皆さんに知っておいてほしいのです。機長が気を失ったときにとるべき行動、電車が脱線したときにとるべき行動、流砂に飲みこまれたときにとるべき行動。まだありますよ。ワニが襲いかかってきたときにとるべき行動、雄牛が突進してきたときにとるべき行動、愉快なはずのピエロが実は恐ろしい人物

だったときにとるべき行動。まだまだあります。スマホから火が出たときにとるべき行動、堤防が決壊したときにとるべき行動、生き埋めにされたときにとるべき行動。

　いざというときに命を救うもの、手足を切断（一本じゃ済まないかも）したときに身を助けるもの、それは心構えなのです。でも安心してください。なにも、これからお伝えすることを一字一句そのまま暗記しなさい、なんて言うつもりはありません。ありがたいことに、どんな危機的状況であろうと、脱出するための最初のキーワードは非常に単純明快です。

　パニックに陥るな。

　いざというとき、情報たっぷりのすばらしい１冊を読んでいたことが希望の光となるでしょう。「どうすりゃいいんだ!?」という問いかけに対する答えが、頭の片隅にあるのですから。ちょっとした知識が心を落ち着かせ、行動を起こすだけの冷静さを取りもどす助けとなるに違いありません。

　新たにアップデートされた改訂版を制作するにあたり、あらゆる専門家に直接アドバイスをいただきました。本書に掲載される助言や情報が最新のものであることを確実にするためです。そうでなければ、皆さんの命や手足、そして大切な人々を守ることなんてできませんからね。またウェブサイト（www.worstcasescenario.com）では、常に最新の情報にアップデートすると同時に、この危険極まりない世界で生き残るためのサバイバル情報を掲載していく所存であります。

　なぜなら、世界は危険で満ちあふれているからです。ですがご安心あれ。私どもが、ついていますから。

著者　ジョシュア・ペイビン
デビッド・ボーゲニクト

本書は基本的に原書に即した内容を掲載しております。

紹介している対処法は、あまたある方法の一例に過ぎません。

また、あくまで人命救助のためのものであり、犯罪に利する

ためのものでもありません。

本書に掲載された情報を使用することによって起こったいか

なる結果についても、著者、訳者、ならびに出版社は、一切

責任を負いかねます。

技術上の問題

もしもスマホが
火を噴いたら

1. すばやく対応する。

スマホ（またはリチウムイオンバッテリーを使用するすべてのデバイス）は、突如として発火する危険があります。些細な前兆が確認される場合もありますが、何の警告もないまま発火するケースもあります。理由は、発火の原因が化学反応によるものだからです。電源を入れたり落としたりする際に突然発火します。スマホが熱を帯びていると感じたら、すでに数秒の猶予しかありません。

2. ズボンを脱ぐ。

ズボンのポケットにスマホを入れている場合は、取り出そうとして手でつかまないでください。代わりに、ズボンを脱ぎましょう。ハンドバッグに入れている場合は、自分や近くにいる人々から遠く離れた場所に放り投げること。

3. スマホを助けようとしない。

化学反応が起きてバッテリーが破損してしまったら、内部回路にも影響が出てしまうため、そのデバイスは壊れてしまいます。電源を落とそうとしないこと。または、発火中のスマホで助けを求める電話をかけようとしないこと。電話は通じないでしょうし、高確率で負傷します。

4. 酸素を遮断する方法での消火を試みない。

酸化還元反応でエネルギーを生み出すタイプのバッテリーは、燃焼に外部酸素を必要としません。火を消そうと、酸素を遮断しないでください。何の意味もないうえに、火傷を負うだけです。

5. 煙を吸わないように注意する。

スマホは金属とプラスチックに覆われています。燃焼時には刺激物や有害物質が発生する可能性があります。

6. 使えそうな水たまりを探す。

火が広がるのを防ぐために最も安全な方法は、水に浸けてしまうことです。ビーチや湖の近くにいる場合は、すばやくスマホを浅瀬に放りこみましょう。家にいる場合はトイレに落とします。レストランであれば、その辺のアイスバケットを借りてください。近くに水がない場合は地面に放りましょう。周囲に可燃性のものがないことを確認して、スマホが燃え尽きるのを待ちます。

7. 10分間待つ。

スマホのように小さなデバイスが、長時間燃え続けることはありません。しかし、火が消えてからも数分間は高温なので注意しましょう。手で触れる前に、完全に冷えていることを確認してください。

[プロの助言]

▶ 超高温の環境はスマホの不具合を悪化させ、発火の原因になりかねません。高温になる車内に放置したり、気温が高い日に直射日光の下に放置したりしないようにしましょう。

もしもスマホを
トイレに落としたら

1. **早急にトイレからスマホを拾う。**

   水に浸かっている時間が長いほど、水没のダメージが深刻になります。

2. **すぐに電源を落とす。**

   電子機器に水がかかって回線がショートすると、取り返しのつかない被害を招きます。

3. **ケースを外す。**

   ケースや画面保護のシールなどを取りつけている場合は、すぐに外しましょう。アクセサリー類はペーパータオルに乗せて乾かします。

4. **水を振り出す。**

   スマホを勢いよく上下に振り、中に入りこんだ水滴を取り除きます。

5. 可能な限り部品を外す。

ヘッドホンのプラグを抜き、SIMカードを外します。可能であれば、裏のカバーを開けてバッテリーを取り外します。取り外せる部品をすべて取り外し、ティッシュペーパーやペーパータオルで完全に水分を拭きとります。

6. スマホを清潔にする。

きれいなタオルを使用し、USBの差しこみ口やヘッドホンジャックなどの開口部をやさしく拭きとります。このとき、水滴を内部の奥まで追いやってしまわないように注意すること。

7. 乾燥剤を入れた容器にスマホを埋める。

ふたつきの容器に乾燥剤を入れます。専門家のおすすめはシリカ・ゲル（ネコのトイレに使われる結晶のこと）か、クスクス（小麦粉が原料のぽろぽろとした粒状の食べ物）です。スマホ、バッテリー、SIMカードを入れて、上からも完全に被せてしまいます。スマホを立てた状態で入れて、内部に残った水滴が下から出てくるようにします。最後に容器のふたを閉めます。

ネコのトイレに使われるシリカ・ゲルを入れた容器に、スマホを立てて入れる。

CAT BRAND

Extra Strength

8. 48時間待つ。

最低でも48時間は、スマホを乾燥剤に入れておきましょう。48時間を待たずに電源を入れたり、充電したりすると残っていた水滴が回線のショートを誘発します。

9. 繰り返す。

その後、充電しても電源が入らない場合は、さらに24時間待ってください。

［プロの助言］

▶ 携帯電話やスマホを使用する人の5人に1人が、人生で一度はトイレに落とします。

▶ 新しい靴や服を購入した際についてくるシリカ・ゲルは捨てないでください。あらかじめ中身を容器に移しておき、いざというときのための乾燥室を用意しておくといいでしょう。

▶ 扇風機の前に置いて空気乾燥させるだけでも、乾燥剤を使用したのと同等の効果を得られるという研究結果もあります。

もしもGPSなしで
迷子になったら

手つかずの自然が残る場所の場合

基本方位（コンパスが指す方向のこと）を見極めることが、道順を見つけるための大切な第一歩です。地形を調べて、古代の氷河がどの方角に進んでいたかを大まかに確かめます。または現在地で吹いている風の主な方角を調べます。そして、より信頼性の高い方法で方角を定めましょう。

● **太陽を見る。**

太陽は東から昇り、西に沈みます。たとえオーストラリアでも、それは同じです。北半球では、正午になると太陽は真南に位置します。タイムゾーンによっては、真南から少しだけ傾いています。南半球では、北／真北に位置します。赤道直下では頭の真上、南北方向の場合は上記の法則では判断しにくいです。

● **月を使う。**

三日月が見えていたら、三日月の先同士を結ぶように直線を引いてみます。その線を地平線まで延ばしてください。そこが真南（南半球の場合は真北）です。

● **星で判断する。**

北斗七星の右端にある2つの星を、上から下まで線で結んでください。この線は北極星につながります。ただし覚えておいてください。地球は地軸（自転軸）を中心に自転しているため、北極星が必ずしも真北に位置しているとは限りません。

● **天候を確認する。**

大気循環により、風が吹く方角を予測することができます。特に西から東に向かって吹く風は予測しやすいです。しかし、風は変動性が高いため信頼性に欠ける手法となります。

● **キツツキの穴を手がかりにする。**

北半球では、キツツキが空ける穴の多くが木の南側に集中しています（それほど頻繁ではありませんが、別の方角に穴を空ける場合もあります）。穴を1つだけ見て判断するのではなく、複数の木を確認しましょう。

吹雪の場合

● **木やポールの根元を調べる。**

木やポールの根元に積もった雪は、三日月状になっているはずです。日光が当たることで、南側の雪から溶けていくためです。

● **湖の端を調べる。**

凍りついて雪が積もった湖には、サスツルギ（風によって雪原表面に作られた稜線上の隆起）が西から東に向かって広がっています。

進み方

方角が定まったら、歩き始めましょう。

● 渓谷では南北方向に移動する。

北米の場合、多くの山脈や渓谷は南北方向に広がる傾向があります。古代の氷河作用と、極地に向かう氷河に浸食されたことが原因です（ヨーロッパでは、西から東に広がる場合もあります）。

● 川に沿って、東から西へ進む。

川は東から西へ流れる傾向にあります。長時間かけて北から南へ流れている場合もあるので注意してください。

● 時間と距離を計算する。

密集した茂みを人間の足で歩くのは、１日に約４〜６キロが限界です。歩きやすい地帯であれば、約30キロ（または１時間に約３キロ）は進めるでしょう。

● 登らない。

上に登ろうとすると、どうしても長時間かかってしまいます。山地を歩く際、標高が９メートル高くなるごとに１分半も余計に移動時間がかかってしまうのです。

都市部の場合

● スマホを確認する。

インターネットがつながらないところでも、コンパスアプリは正常に機能している可能性があります。

● **卓越風を確認する。**

土地ごとに、月ごとあるいは年間を通して、一番吹きやすい風向きがあります（卓越風）。それを認識しておけば、方角のヒントになるかもしれません。高い建物の上に立っている旗を参考にしてください。路上で渦を巻く風になびく旗を参考にしないこと。

● **衛星放送受信アンテナを探す。**

通信衛星の軌道の関係で、北半球の衛星放送受信アンテナは赤道のある南を向いています。

● **古い建物を調べる。**

手入れのされていない古い建物の場合、西側により多くのすすが付着しているはずです。南側の壁は太陽に晒されているため、色あせしているのが確認できるでしょう。

● **道路標識を確認する。**

必ずしも当てはまるとは言えませんが、アメリカ国内で番号が振られている道路は南と北を、名前がつけられている道路は東と西を結んでいる傾向にあります。アメリカ国内の80パーセントの都市に、一方向にのみ伸びる道路があり、番号が振られています。ニューヨーク市は、この法則に当てはまらない最も有名な都市です。

もしもドローンに
襲われたら

軍用ドローンの場合

1. 見つからないようにする。

ドローンは、一度標的だと認定したらどんなものでも追いかけてきます。生還できる可能性を最も高めるには、まず操作者に見つからないことです。

2. スマホを使わない。

軍用ドローンは視覚監視と電子監視の両方を利用して標的を捜し、本人であると確認するのです。電話をかけたり、メールやSMSメッセージを送ったり、ウェブを開いたり、個人を特定できるアプリを起動したりしないこと。スマホを使用している人物が家族や友人ではなく、確実に標的の人物であると操作者が——視覚的、電子的のどちらかで——確信を得ない限り、攻撃はしてきません。

3. 隠れ場所は慎重に選ぶ。

7600〜9000メートル上空を周回し、ドローンは延々と標的を監視し続けます。燃料が少なくなれば別のドローンと交代するまでです。標的だと認定されたら最後、常に監視下に置かれるわけです。地下鉄や近隣の建物に通じているなど、複数の逃げ道がある建物にのみ逃げこむようにしましょう。

4. 変装する。

屋内に入ったら、服を着替えて帽子を被ってから外へ出ましょう。

5. 天気を味方につける。

天気が荒れ模様になるのを待ってから、安全な建物を出ること。軍用ドローンは悪天候の中でも飛行可能ですが、厚い雲、大雨、雪、氷などで視界が遮られたら操作者は標的を捉えることが困難になります。

6. 油断しない。

ドローンを目視で捉えるのは非常に困難ですが、一定の大気条件下においては飛行音が聞こえたとの事例証拠もあります。今にも攻撃されそうだと感じたときには、対策をとる猶予は数秒しか残されていないでしょう。

7. 地下に隠れる。

プレデターやラプターと呼ばれるドローンに搭載されている武器体系は極秘情報ですが、爆薬を搭載したミサイルが備えつけられていることは確かです。攻撃から身を守れる可能性があるとしたら、地下深くに設置された頑丈な貯蔵庫にこもるか、洞窟の奥深くに隠れるか、石造り、またはレンガ造りの建物の地下に避難するか、のいずれかでしょう。

ドローンの群れに狙われた場合

マルチローター・タイプのドローンは特に操作しやすく、AIなどの新技術を搭載しているため、ドローン同士が群れを成すことが可能になりました。互いに協力し合って飛んだり、自発的に標的を追跡したりできるのです。下記の手順を試して攻撃を避け、生還してください。

1. すばやくジグザグに走る。

ドローンから走って逃げるなど不可能です。非常にすばやい動きで追跡型ドローンのセンサーを混乱させることができれば、その間に逃げられるかもしれません。すでにドローンに追いつかれている場合は手遅れです。

ジグザグに走って
ドローンのセンサーを
混乱させる。

2. 木が生い茂っている場所に急いで移動する。

小型のドローンは、障害物と接触するだけで簡単に飛行不能になってしまいます。森林や雑木林などの、ドローンが飛行できない場所へ逃げこみましょう。森林の外で、標的が出てくるのをホバリングしながら待ち構えている可能性があるので注意すること。

3. じっと隠れている。

小型のドローンには小容量のバッテリーが搭載されているため、多くの場合が30分程度で充電切れになります。それまで隠れていられれば、逃げきれるかもしれません。

4. 暗闇を利用する。

FAA（連邦航空局）の規則により、ドローンの夜間飛行は禁止されています。規則を無視する不届き者もいるでしょうが、ドローンはカメラで認識できないものは追跡できません。夜の闇に紛れて、こっそり逃げましょう。

5. 叩き落とす。

ドローンが近づいてきたら、ブランケットやほうきなどを使って叩き落としてください。小型のドローンが大量に押し寄せてくる可能性もあるので気をつけましょう。

［プロの助言］

▶ 風が強いからといって油断しないこと。マルチローター・タイプのドローンは安定化機構が整っているので、強風の中も安定して飛行できます。

▶ ドローンは（まだ）潜水できません。潜れば逃げられるかもしれませんが、息継ぎで浮上するのを、ホバリングをしながら待ち構えている可能性はあります。

もしもプライバシーを侵害されたら

ハッキングされた場合

1. **直ちに対応する。**

   盗まれた情報の多くが、悪用される前に、特に匿名性の高いウェブサイトとして知られるダークウェブで何度も販売されるものです。直ちに口座を解約したり暗証番号を変更したりすることで、購入者にとって無意味で無価値な情報にしてしまいましょう。

2. **プリペイド式の携帯電話に切り替える。**

   プリペイド式の携帯電話を、予備で用意しておきましょう。できればSIMカードも入れかえること。この電話を使用して、クレジットカード会社や銀行などの金融機関に、口座の解約や連絡先の変更を伝えてください。もしくは固定電話を使用すること。

3. **ハッカーと交渉しない。**

   スパム業者と同様に、手慣れたハッカーは同時に数万人ものカモを相手にしています。ほんの少しでも食いつきやしないかと、反応がくるのを待ち望んでいるのです。相手の目的が金銭の場合、泥棒に返信するなど「弱くて小心者で

絶好の餌食です」と自己紹介をしているようなものです。余計に目をつけられるだけですよ。

4. メールを開封したり、リンクをクリックしたりしない。

メールそのものが偽物で、有害なサイトである可能性が高いです。

5. 情報は盗まれたと思うこと。

ビットコインなどで身代金を支払っても、情報は戻ってこないと思ってください。ハッカーに良心など期待できません。要求通りに金銭を支払ったところで機器のロック解除もしてくれないでしょうし、盗まれた情報も戻ってきません。普段からバックアップをとっているのであれば、新しいデバイスを購入して情報を移しましょう。

6. ウェブ検索をする。

泥棒によって暗号化キーがすでに割り出され、ウェブで公表されている可能性があります。

7. 警戒を怠らない。

残念なことですが、個人情報泥棒の多くは、被害者の知り合いです。急に羽振りがよくなった、あなたが使うクレジット会社のカードを持っている、あなたの個人情報に詳しくなった、などの怪しい言動を見せる親族や友人に注意してください。

［プロの助言］

▶ 二段階認証は有効な安全対策ですが、ハッキングされてしまってからは何の意味もありません。

▶ 金融機関での取り引きが行われた際には、必ずメールなどで通知がくるように設定しておきましょう。

▶ パスワードを記載しておく場合は、暗号にすること。数字をアルファベットに入れかえる、またはその逆など、シンプルな暗号にしておきましょう。記載したメモなどは安全な場所に保管しましょう。

▶ クレジットカードの情報を"保存"できるオンラインサイトは、ハッカーの標的になりやすいです。

▶ 限度額の高いカードを1～2枚所有するよりも、限度額の低いクレジットカードを何枚も所有するほうが安全です。

▶ ハッキングされないために最も有効な手段は、コンピューターのプラグを抜くことです（自宅にある、すべてのデバイスからプラグを抜きましょう）。いくらハッカーでも、電源につながっていないデバイスにはアクセスできません。

▶ ウェブカメラにテープや厚紙を貼りつけてもハッキング防止にはなりませんが、遠隔地からカメラを通じてのぞき見されたり、録画されたりする被害を防ぐことはできます。

ドキシングされた場合

ドキシングとは、盗まれた個人情報をインターネット上で公開されることです。名前、生年月日、住所、社会保障番号、ユーザーネーム、パスワードなどが流出すると、ネットいじめ、詐欺、嫌がらせなどの原因になります。ドキシングの犯人は、個人情報を使用してソーシャルメディアのアカウントにログインし、当人を辱める内容の偽メールなどを投稿します。そして悪意ある投稿やメッセージを連投して被害者を追いつめるのです。

1. **IT関係に強く、さらに信頼できる友人やプロに頼んでアカウントをロックしてもらう。ドキシングされている場合は、書きこみなどを見ないようにする。**

   ドキシング被害を受けると精神的にも追いこまれてしまい、立ち直るまでに相当の時間を要することもあります。自分で正面から立ち向かうよりも、第三者に対処を依頼するほうが望ましいでしょう。

2. **サイトの運営者にドキシング被害を報告する。**

   すべてのソーシャルメディア、ウェブサイト、アプリの運営者は直ちに問題のアカウントを凍結し、パスワードの変更、悪意ある投稿の削除、問題の修正を行ってくれるはずです。うまくいけば、犯人を見つけ出してくれるかもしれません。

3. **適切な機関へ通報する。**

   ドキシング被害を受けて恐怖を感じたり、脅迫や嫌がらせを受けたりした場合には、警察に犯罪行為を通報してください。

4. **ソーシャルメディアを使用する際は個人情報を保護する。**

   個人的なアカウントは、親しい友人や同僚のみがプロフィールや投稿などを閲覧できるように設定しておきましょう。

5. **オンラインのアカウントごとにログイン情報を設定する。**

   メジャーなソーシャルメディア（フェイスブックやグーグルなど）のアカウントで、別のアプリやサイトにログインしないでください。情報漏洩の原因になります。

6. バーチャル・プライベート・ネットワーク(VPN)を使用して活動履歴や情報を隠す。

VPNを使用していないと、同じルーターを介しているすべてのデバイスから個人情報にアクセスできてしまいます。VPNを使用すれば情報を暗号化してくれるので、外部に漏洩する心配はありません。無料で使用できるものから、月額料金がかかるものまで、多岐にわたる選択肢から選ぶことができます（複数のデバイスで使用できる、など）。自身にあったVPNを選ぶといいでしょう。

7. マルウェア対策プログラムをコンピューターやモバイル機器にダウンロードする。

ドキシング犯がスパイウェアを用いて個人情報を盗もうとするのを、防いでくれます。

8. すべてのアプリから個人情報を削除する。

一般的に言えば、アプリ上で本名や身分を明かす必要はありません。個人情報の欄は空欄にしておくか、偽名を使いましょう。

9. 使い捨てのメールアドレスを用意して、メールの情報を保護する。

日常的に使用しないサイトやアプリに登録する場合は、使い捨てのメールアドレスを用いましょう。

10. ユーザーネームとパスワードは使い回さない。

オンラインのアカウントごとにパスワードを設定するのが理想的です。名前や誕生日、または似た言葉や頭文字などは、なるべく使用しないこと。大文字と小文字を組み合わせたり、句読点を入れたり、数字を混ぜたり、特殊文字な

ども自由に使いましょう。パスワードを忘れてしまうかもという心配は不要です。忘れたら、いつでも再設定できますからね（むしろ、定期的なパスワードの変更をおすすめします）。

重大な秘密が漏れた場合

著名人だけでなく、一般の方々にとっても十分に役立つ対処法です。ぜひ確認しておきましょう。

1. 早急に対処する。

オンライン上に流出した書類、映像、画像などが本物である場合（または、ごまかしようがない場合）は、謝罪をしたうえで、「家族、友人、反対派とは和解しております」と公表すること。流出した書類などが偽物である場合（または、ごまかせる場合）は、きっぱり否定しましょう。

2. 反撃に出る。

「私を辱めて人生を台なしにする気だ」または「重要な職務の邪魔をしている」などと、敵（個人、企業など）を告訴するといいでしょう。

3. 家族仲をアピールする。

配偶者、子供、そのほか親戚などをかき集めます。そしてシャッターチャンスを狙う記者たちに、家族に尊敬と信頼の眼差しを向けられている自分をアピールするのです。家族のピクニックやスポーツイベントに、記者を招いて撮影してもらいましょう。家族に支えられている、よき家庭人であることを印象づけるのです。

4. **ウソをつかない。**

不正確な報告を行うことで、新たな問題が発生する可能性があります。

5. **サクっと気持ちを切り替える。**

スキャンダルが報道されたら、こう言いましょう。「大切なのは、家族と仕事です」と。

6. **スキャンダルが収束しない場合は、町を出るか、リハビリ施設に避難する。**

見えないところへ逃亡するのは効果的です。報道のサイクルやインターネット上の話題は、めまぐるしい速度で移ろいます。あなたの話題など、１日たらずで消えてしまうでしょう。その代償として、ドラッグやアルコールに依存しており感情のコントロールが利かないため、厳重で管理の行き届いたリハビリ施設に入所したと公表するのです。復帰する暁には、公の舞台に立って許しを請いましょう。

もしもスマートホームが家を乗っとろうとしてきたら

インターネットに接続したスマートホームは、徐々に家主の人生に干渉し始めるでしょう。最初は、ほんの少しだけ。実害があるとは思えないほどの干渉です。しかしいつからか大胆になり、やがて人生を乗っとろうとしてくるのです。下記の兆候を見逃さないようにしてください。

1. デバイスに"おもしろさ"で負ける日がくる。

質問や会話が、家主を無視して仮想音声アシスタント（Amazonのアレクサや、グーグルアシスタントなど）に直接投げかけられるようになります。正確な情報、天気予報、レシピ、音楽、宗教や人生観における哲学的な思想に関する回答などが、インターネットに接続された装置から即座に返ってくるのです。夕食の席で"無視をされている"とか"のけ者になっている"などと感じ始めたら、家があなたの立場を狙っているのかもしれません。

2. 寝室でデータ分析に夢中になるパートナー。

パートナーは睡眠トラッキングアプリに夢中になり、あなたとの時間よりも、効率的な快眠を求めるでしょう。ベッ

ドに入る時間が、飛躍的に早くなるはずです。寝室での会
話や“ピロートーク”は睡眠の質を下げ、アプリの採点に
影響を与えるので、拒まれるでしょう。パートナーとの親
密な時間もアプリによって録音され、睡眠の質に悪影響を
与えていると関連づけられるでしょう。

3. 常に監視下に置かれる。

多忙時のエネルギー使用量なども含め、スマートホームは
すべてを監視します。スマホからも容赦なく警告や警報を
送ってくるでしょう。3分もシャワーを出しっぱなしにし
ていたとか、冷蔵庫を頻繁に開け閉めしているとか、トー
ストが焦げすぎているとか、そんなことまで言ってくるよ
うになります。口うるさく小言を言われ、のんびりくつろ
げなくなるでしょう。

4. “ポルターガイスト”が起きる。

突如として電気の色が変わったり、電気鍋が勝手に調理を
始めたり、ロックを聴いていたはずが穏やかなバックグラ
ウンドミュージックになっていたり、玄関のロックが自動
で解除されたり。こうした動作は「こうなったら、こうす
る」と自分で決めたにもかかわらず忘れてしまった設定の
数々です。こうしたことが続き、やがて訳がわからなくな
り、混乱してしまうのです。

5. 子育てすら外注する。

スマートホームは、やがてあなたに取って代わります。自
動的に指示を出し、宿題を手伝い、寝る前にはオーディオブッ
クを読み聞かせするでしょう。家族があなたの居場所を聞
いてこなくなったり、興味を持たなくなったりしてきた場
合には、何らかの行動をとらないとマズいことになります。

ハッキング、または自我の芽生えで
乗っとられそうになった場合

1. **スマホの電源を切る。**

   スマートホームはジオロケーション技術を用いて、現在地を探っているかもしれません。

2. **仮想音声アシスタントの電源を切る。**

   ハッカーは、Wi-Fiに接続されているデバイスを利用して仮想音声アシスタントに話しかけ、玄関のロックを解除させる可能性があります。

3. **監視カメラを遮る。**

   スマートホームは動体検知機能を用いて、行動を追っているかもしれません。カメラのレンズを布で覆いましょう。

4. **テレビのプラグを抜く。**

   スマートテレビが会話を盗聴し、その内容を遠隔地へ送っている恐れがあります。

5. **キャンドルを灯す。**

   暗闇に閉じこめておくため、スマートホームがすべての電気を消してしまうかもしれません。

6. **空調機の電源を切る。**

   スマートホームは、家にいられないくらい温度を下げたり上げたりするかもしれません。操作盤を壁から外し、すべてのワイヤーの接続を切ってください。

7. 水道の元栓を閉める。

スマートホームはシンクやシャワーと連動している場合があり、洪水を起こして家から追い出されるか、何らかの被害に遭う可能性があります。

8. オモチャやベビーモニターは、電池ごと抜いておくこと。

スマートトイやモニターで行動を観察され、配信されているかもしれません。

9. クレジットカードを止める。

金銭面で陥れてくる危険性まであります。Amazon Dashや人工知能搭載の冷蔵庫などを利用して勝手に高額の買い物をしてしまうかもしれません。

10. 助けを呼ぶ。

ネット上で音声のやりとりをする技術"ボイス・オーバー・インターネット・プロトコル（VOIP）"は、すでに接続が断ち切られていると思っていいでしょう。固定電話が使えるようでしたら、警察に緊急事態だと通報してください。それも無理なら、窓を開けて大声で助けを求めてください。

11. 窓から出る。

スマートホームの防犯システムが玄関ドアをロックしてしまったら、1階の窓を割って外に避難してください。

もしも自動運転の車が制御不能に陥ったら

1. **シートベルトを着用する。**

   普通の車と同様で、制御不能になった自動運転の車で事故を起こしても助かる可能性を上げたいのなら、前の座席だろうと後部座席だろうと関係なくシートベルトを着用してください。

2. **クラクションを鳴らす。**

   前の座席に座っているなら、ほかのドライバーに危険を知らせて道を譲ってもらえるように、クラクションを何度も鳴らしましょう。クラクションがない場合、もしくは後部座席に座っている場合は、次の手順を参考にしてください。

3. **歩行者に警告する。**

   車に邪魔されなければの話ですが、窓を開けて歩行者に注意を促してください。車のデータセットが損傷していなければ、自動的に歩行者や障害物を避けるように設定されているはずです。

4. 平静を保つ。

車のソフトウェアをハッキングされていない限り（この場合は次の手順で説明します）、フェイルセーフという機能が備わっています。万が一センサーが異常をきたしてシステム上に問題が発生した場合、車は自動的に減速して安全に停車するようにできているのです。

5. ハッキングを警戒する。

車のソフトウェアがハッキングされてしまった場合、システムは混乱しているわけではなく、明確な意思を持って指示に逆らいます。本来は安全のために設計された設備が攻撃手段として悪用されてしまうので、非常に危険な状態です。車が加速したら急旋回してください。警察から逃げるような行動に出る場合は、さらなる対応策が必要になります。

6. 強制停止スイッチを押す。

自動運転の車には、目に留まりやすい場所に強制停止スイッチがあるはずです。ダッシュボード、センタークラスター、ステアリングコラム（これは、ついていない車もあります）の辺りを探してみましょう。スイッチを押せば、自動運転が切れて自分で運転できるようになるか、車が安全に停止するかのどちらかで危機を脱することができます。最新型の自動運転の車の中には、コスト削減策として強制停止スイッチを搭載していないものもあります。こうした車種はハッキング被害に遭いやすいです。

7. 飛び降りる。

車から飛び降りるのは最後の手段です。飛び降りる際は、低速であること、着地点が芝生であることなどを確認すること（255ページの「もしも走行中の車から飛び降りなきゃならなくなったら」を参考にしてください）。減速できない場合は、別の車に飛び移ることも検討してください（260ページの「もしも車から別の車に飛び移らなきゃならなくなったら」を参考にしてください）。

もしもあらゆる電力が止まったら

物理的な攻撃や、サイバー戦争などにより送電系統に異常が生じたら、アメリカ国内の75パーセント以上の高電圧変圧器が故障するとみて間違いありません。こうなってしまうと、完全に復旧するには数年を要します。一部の補修だけでも数ヵ月から数年かかるでしょう。長年にわたり電気設備に頼りきりであったこと、そして備蓄エネルギーの少なさが原因です。下記の対応を参考にしてください。

1. 冷静でいること。

外敵からの襲撃に遭って身の危険が差し迫っている状況でもない限り、落ち着いてその場に留まってください。被害状況を確認しなくてはならないので、焦りは禁物です。周囲の人が言ったからといって、鵜呑みにしないようにしましょう。ただのうわさにすぎないかもしれません。

2. 情報を得る。

電池式のラジオを使って緊急放送を聞いてください。国内のアマチュアラジオ（または無線）が、非常に有益な情報を発信してくれるはずです。電池式のラジオは発電機でも起動させることができます。手元にあれば使ってください。

3. 防災用品を集める。

水や非常食のほかに、下記を普段から用意しておきましょう。

▶ 発電機と燃料、太陽電池パネルか小型の風力タービン。

▶ 持ち運び可能な光源、電池は通常のものと充電式のものを多めに用意しておくこと。

▶ カセットコンロと十分な量のプロパンガス。

▶ マッチ。

▶ すべての季節に対応できる服。

▶ 救急箱。

▶ 自転車。

▶ 本やゲーム類。

4. 信用できる情報を得る。

電力会社と政府関係者が連絡を取り合えている場合は、被害は比較的小さく、回復までの時間も数週間以内と短くて済むでしょう。こうした情報は緊急放送などで伝えられ、その場に留まるべきか、別の場所へ避難すべきかの指示が出されるはずです。

5. 地図を参考にする。

軍事基地には、余るほどの電源と十分な食料があり、さらにセキュリティーも完璧です。軍事基地では常日頃から軍事演習を行っているため、緊急事態に対応できる心構えがあります。どうしても現在地に留まることができない状況

であれば、近くの軍事基地を目指してみるのもいいでしょう。

6. 移動は明るい時間帯に、徒歩か自転車で行う。

日が沈んでからの移動は非常に困難で危険です。バッテリーを無駄に使用してしまうだけです。ガソリンが入手困難になるであろうこと、さらに信号が止まってしまうことを考えて、車での移動は避けましょう。

7. 都市部へ移動する。

電力は人口の多い地域から復旧していき、人の少ない地域や都市部から離れた農村地域などは後回しになります。主要なダムが存在する地域へ移動してください。

もしもネットいじめに遭ったら

1. **返信しない。**

   いじめっこの狙いは"注目を浴びること"です。意地悪な言葉に言い返したくなる気持ちをグッと堪えてください。実際のいじめっこと違い、ネットいじめでは何かを入力しない限り、相手は被害者の反応を知ることはできないのですから。

2. **味方を探す。**

   信頼できる友人——オンライン上のみの付き合いしかない人でも構いません——に助けを求めて状況を説明しましょう。警察などの機関に頼る際、被害の証人となってくれるはずです。

3. **記録を残しておく。**

   脅迫めいたメッセージ、写真、動画はすべてデジタルコピーを残しておくこと。被害の証明になるメールなどは印刷しておきましょう。

4. 該当アカウントの使用を止める。

いじめっこに目をつけられているすべてのアカウントやアプリからログアウトしましょう。通知も切ってください。メールの設定機能を使い、特定の人物からのメールは別フォルダに分けましょう。のちに証拠として必要になる場合がありますので、削除せずに保管しておくこと。

5. デバイスの充電を最小限に抑えておく。

低電力モードはバックグラウンドでのデータ取得を制限し、不必要なアプリ使用を防いでくれます。

6. 少ないデータプランに変更する。

速度の遅いデータプランにダウングレードしてしまうのも手です。機能に限りのある旧式の携帯電話に変えて、気分を害するメッセージを見られないようにするのもいいでしょう。

7. "ネット断ち"を試みる。

不可能に思えるかもしれませんが、インターネットを使用する時間を制限してみましょう。まずは1日5時間から始めて、慣れてきたら4日間だけは1日に1時間のみ、などと決めて使用してください。空いた時間で、自分磨きをできるといいですね（料理の腕を磨く、絵画教室に通う、医師免許を取得してみるなど……）。

8. 通報する。

嫌がらせが止まらないようであれば、警察に通報してください。証拠を提出するのを忘れずに。

もしもフェイクニュースに
出くわしたら

1. URLを確認する。

　".lo" で終わるサイトや、有名ニュースサイトのURLに
".com.co" をつけ足しただけのサイトは、偏った見方をす
るサイトであるか、もしくはクリックベイトと呼ばれる、
クリック数を稼ぎたいだけのサイトである可能性が高いで
す。

2. タイトルやドメインを調べる。

　コンテンツがフェイクニュース、または偏った見方をする
サイトであるかを確実に見抜く方法はありませんが、
"wordpress" や "blogger" などという単語がドメイン
に使用されている場合は、正式なニュースサイトではなく
個人のブログである可能性が高いです。しかし、信頼でき
るフリージャーナリストのブログも多く存在しますので、
コンテンツの判断は慎重に行いましょう。

3. "About Us" を確認する。存在しない場合は要注意。

　管理者の情報が明確でないサイトや、無料のメールアドレ
スを使用しているサイトは注意しましょう。

4. **文法ミス、すべて大文字で記載、！（エクスクラメーションマーク）の多用は要注意。**

校閲や校正が行われていないサイトはクリックベイトである可能性が高いか、もしくはボットや自動情報収集プログラムなどによって書かれたものかもしれません。

5. **ファクトチェック用のサイト"スノープス"やWikipedia で調べる。**

上記のサイトに、調べたいサイト名を入力してください。信頼できるサイトなのか、怪しい詐欺サイトなのかを教えてくれます。Wikipediaの記事を信用できない場合は右上にある"履歴表示"をクリックして情報の提供者を確認しましょう。

6. **自分の感情と相談する。**

クリックベイトは熱のこもった言葉（いい意味でも、悪い意味でも）で読者の感情をあおり、記事をシェアしたり、リンクをクリックしたくなるように仕向けてきます。自分本位、自己満足、怒りなどの感情を強く感じた場合は別のサイトからも情報を得るように心がけましょう。

7. **クリックしたい衝動を堪える。**

もっともらしいニュースを誇張して伝えるサイトや、ミスリードを誘うサイト、気になる見出しを大量に掲示しているサイトなどはクリックベイトである可能性が高いです。クリックスルーや閲覧者を対象としたアフィリエイト広告で収入を得ているのでしょう。合法なニュースサイト（もしくは、ギリギリ合法のサイト）でも、人目を引くようなセンセーショナルな見出しを使用することがあるので、別の情報源も確認して内容の真偽を確かめること。

アドベンチャー・サバイバル

もしも流砂に
足をとられたら

1. **平静を保つ。**

   流砂は密度が高く、水中よりも浮かびやすい性質を持っています。浮き上がるのは、さほど困難ではありません。

2. **もがかない。**

   膝が沈むまで、体を垂直に保つこと。

3. **慎重に、仰向けに倒れる。**

   大腿と上半身を水平にして、地面と平行になってください。

4. **沈まなくなったら、膝下を流砂から引き抜く。**

   ここが難しいところです。流砂は水に比べて2倍も密度が高いためです。慎重に、ゆっくり引き抜きましょう。

5. **安全な場所まで転がる。**

   両脚が抜けたら、流砂の上を転がって安全な場所まで移動します。木の枝や根が手の届く範囲にある場合は、手でつかんで体を引き寄せましょう。このときも、慎重にゆっくり動くこと。

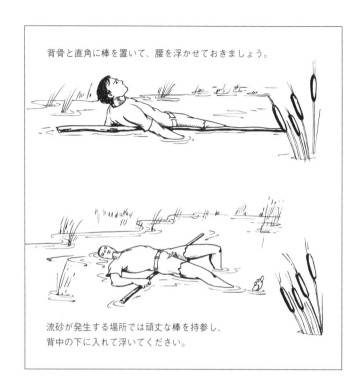

背骨と直角に棒を置いて、腰を浮かせておきましょう。

流砂が発生する場所では頑丈な棒を持参し、
背中の下に入れて浮いてください。

棒を持参していた場合

流砂の可能性がある地域を歩く場合には、頑丈な杖などの
棒を持参しましょう。自分の手首ほどの直径、身長ほどの
長さがあれば問題ありません。流砂に飲みこまれかけたと
きに役立つはずです。

1. 棒を流砂の表面に横向きに置く。

沈み始めたら、直ちにこの行動をとってください。

2. **慎重に、棒の上に仰向けに横たわる。**

   1～2分もすれば、流砂と平衡が成立して沈まなくなります。

3. **棒を腰の下に移動して、背骨と直角にする。**

   腰が沈んでいくのを防ぎます。

4. **脚を引き抜く。**

   まず片方の脚を慎重に引き抜いてから、もう片方の脚もゆっくり引き抜いてください。

5. **安全な場所まで転がる。**

   安全な場所まで、最短ルートで移動してください。ゆっくり移動すること。

沈まないようにするために

流砂も普通の砂と変わりはありません。湧き水と混ざり合うことで、液体のようになっただけです。しかし流砂から脚を引き抜くためには、真空状態になった砂に逆らわなくてはなりません。

▶ より粘度の低い場所へゆっくり移動してください。せん断された地層では粘度が高まるので注意してください。

▶ 手足を大きく開いて、仰向けになってください。人体は真水よりも密度が低く、塩水は真水よりもわずかに密度が高いです。真水よりも塩水のほうが人体は浮きやすく、流砂ではさらに簡単に浮いていられます。真水では首元まで沈んでしまいますが、流砂では肋骨あたりまでしか沈みません。

もしも海で漂流したら

1. **"どうしても"という状態にならない限り、救命ボートには乗らず船に留まる。**

   助かる可能性が高いのは（たとえ故障していたとしても）船上であり、救命ボートではありません。船が浸水していて海水をかき出せない場合は、下記の手順を参考にしてください。

2. **平静を保つ。**

   正式に登録されている船舶であれば、水中で作動する非常用位置指示無線標識装置、または406MHz衛星EPIRBのどちらかが海洋遭難信号とともに船舶情報と位置情報を発信しているはずです（未登録の船舶だと、緊急対応が遅れるか、場合によっては助けがこないこともあります）。

3. **非常用バッグを手に取る。**

   事前に非常用バッグを用意しておき、船室昇降口扉から手の届く範囲に置いておきましょう。下記のものを用意しておくこと。

   ▶ 通りかかった船や救援隊と連絡を取るための、手に持てる大きさの超短波ラジオ。

▶ 温かくて乾いた服、帽子、スペースブランケット（防寒・防暑効果のある、軽いアルミシート）。

▶ 食料品（ドライフルーツ、ナッツ類、グラノーラ・バー、プロテイン・バー）。

▶ 小型のGPS追跡装置。

▶ 水筒に入れた飲用水（持てる限界の量を用意しておくこと）。

▶ コンパス。

▶ 懐中電灯と予備の電池。

▶ 小型の発煙筒。

▶ 小型の造水装置。

4. 救命ボートに乗る準備をする。

膨張コードを引く前に、救命ボートを船にしっかり結んでおくこと。救命ボートに乗り移ったら、その紐を切ってください。

5. 携帯用位置指示無線標識（PLB）を作動させる。

PLBも406MHzの衛星信号により作動するもので、身につけられるほど小型です。正確なGPS情報を得られますが、電池が24時間しか持続しないため、それ以降はGPSなしで行動することになります。PLBは水中では作動しないうえ、フルサイズの406MHz衛星EPIRBほどの安全機能も備わっていません。

6. 海水を飲まないこと。

食料を持たずに海上を漂流しても、人間は数日から数週間は生きていられます。しかしきれいな飲用水がなければ、確実に数日で命を落とします。

▶ 最悪の状態になったら、予備の水筒を故障した船から船外へ放り投げましょう。水筒は浮くので、あとで回収することができます。流れていかないように、ロープでボートに結んでおくこと。

▶ 特に野菜などの缶詰には、食料と一緒に水が詰められています。荷物に余裕があれば、缶詰を持っていくといいでしょう。

▶ 1日に飲む水の量を決めないこと。必要なだけ飲みましょう。ただし、必要以上には飲まないこと。体力を温存しておけば、1日に約1.5リットルも飲めば十分です。

7. 体温を下げない。

冷たい水中や、寒冷地で漂流している場合は、厳しい環境に晒され続けることで命を落とすか、低体温症で死亡する危険性が何よりも高いです。水から出て、乾いた服を着てください。長時間塩水に浸かっていると、肌が傷ついて感染症を引き起こす可能性があります。

8. 体を覆う。

最近の救命ボートには屋根がついており、太陽、風、雨などから乗員を守ってくれます。屋根がない場合や損傷してしまった場合は、帽子を被り、長袖長ズボンを着用して肌を保護してください。

9. 食料を探す。

救命ボートに備えつけられているサバイバルキットには、釣り針が入っています。数週間にわたって漂流している場合は、ボートの底に海藻が生えるので自然と魚がボートの影に集まってきます。釣り針で捕まえた魚は、生で食べられます。釣り竿がない場合は、ワイヤーや空き缶のアルミニウムで作ることができます。

10. 方向がわかる場合は、陸地を目指す。

ほとんどの救命ボートには小型のオールがついていますが、救命ボートを操縦するのは簡単ではありません。時速3海

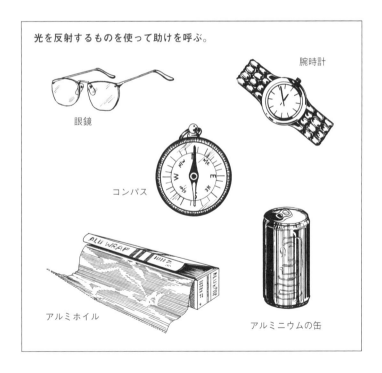

光を反射するものを使って助けを呼ぶ。

眼鏡

腕時計

コンパス

アルミホイル

アルミニウムの缶

里（風速約1.4メートル）以上の風が吹いている場合は、特に困難を極めます。体力を使い果たさないように気をつけてください。長距離を移動するには、相当の覚悟が必要になります。

11. 飛行機や船を見かけたら合図を送る。

超短波ラジオ、または小型の発煙筒などを使い、相手に気づいてもらいましょう。手鏡も、合図を送るには有効なアイテムです。

もしも砂漠で遭難したら

1. **パニックに陥らない。**

   冷静になりましょう。誰かに行き先を告げている場合や、帰りの日程を告げている場合は、パニックになる必要はありません。

2. **車がある場合は、車内に留まる。**

   うろちょろしないこと。

3. **徒歩の場合は、自分の足跡を辿って引き返す。**

   常に、下流や平野を目指して移動すること。湿地帯や低地では周囲を確認しづらいうえに救援隊からも姿が見えにくいので、尾根を歩いて進みましょう。

4. **方向感覚を完全に失ってしまったら、眺めのいい高台へ移動して確認する。**

   引き返す道がわからない場合は、その場から動かないこと。

5. **狼煙（のろし）を上げて、消えないようにする。**

   昼間は狼煙のために火を焚き（タイヤがおすすめです）、夜間は明かりのために火を焚きましょう。燃料が限られて

いる場合は、小さな火種を絶やさないようにしておき、人や車が通りかかったときのみ大きく燃やすようにしましょう。缶やバケツなどにトイレットペーパーを詰めてガソリンを注いでから使うと、燃焼時間を延ばすことができます。使用しないときは、ガソリンが蒸発しないように蓋を閉めておきます。

6. 即席のバーナーを作る。

第二次世界大戦中、イギリス軍は即席のバーナーを使用して合図を送ったり、紅茶をいれたりしていました。空き缶に砂を詰めて、そこにガソリンを注ぎます。ガソリンで"泥"を作ることで、燃焼時間を長くできるのです。

7. 遭難信号を送る。

車や飛行機が通りかかったり、遠くを歩く人を見かけたりしたら、光を反射するものを使い、何もないところに大きな三角形を作って遭難信号を送りましょう。三角形は、世界共通の遭難信号です。下記の信号も有効です。

▶ 　I　　負傷者がいるという合図。

▶ 　X　　これ以上は進めないという合図。

▶ 　F　　食料や飲用水が必要だという合図。

▶ 　　　銃を3発撃つのも遭難信号です。

8. こまめに休んで熱性疲労を避ける。

砂漠では日中の気温が50度近くになることも珍しくないうえ、日陰は滅多にありません。夏は地面に座らずに最低でも約30センチの高さがあるスツールや木の枝などに座ること（地面は大気より30度も高温になることがあります）。

9. 移動するのは夕方、夜間、早朝のみ。

どうしても日中に移動しなくてはならない場合は、下記を参照してください。

- ▶ 体力を温存するため、ゆっくり歩くこと。最低でも1時間おきに10分は休憩する。

- ▶ 水分を補給する。1日に飲む水の量を決めないこと。

- ▶ 会話、喫煙はしない。

- ▶ 口呼吸は避けて鼻呼吸をする。

- ▶ 脱水症状を引き起こすのでアルコールは摂取しない。

- ▶ 十分な飲用水を確保できるあてがない場合は、食事を我慢する。消化は水分を消費します。

- ▶ 日陰を進み、シャツ、帽子、サングラスを身につけておく。服を着ていれば、汗の蒸発に時間がかかり長時間にわたって体温を下げておくことができます。

10. 気温が下がったら重ね着をする。

体と服が常に乾いた状態であるようにしましょう。低体温症の前兆を見逃さないこと。激しい震え、筋肉の張り、倦怠感、協調運動不全、つまずき、唇や指先が青くなるのが主な症状です。このような症状が出たら速やかに乾いた服に着替え、できることなら火を焚いてください。それが無理なら、同行者と身を寄せ合って体を温めてください。

11. 水を探す。

次のような場所で水を探しましょう。

▶ 岩壁の根元。

▶ 山間部の谷間にある砂利の低地。雨上がりは、特に可能性が
高い。

▶ 干上がった川床の、急カーブしている外側の縁。湿った砂地
を探し浸出水が出てくるまで1〜2メートルほど穴を掘る。

▶ 緑色の植物の周辺。3本ほどまとまって生えている場所や、
ハコヤナギ、セイヨウカジカエデ、クロヤナギの木などの低
木が生えている場所が目印。

▶ 動物の通り道や鳥の群れを探す。あとを追うことで、水場に
辿り着ける可能性がある。

水場を探す方法

緑色の植物の周辺

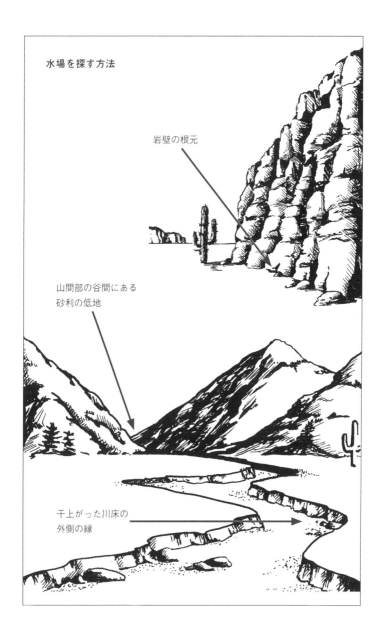

水場を探す方法

岩壁の根元

山間部の谷間にある
砂利の低地

干上がった川床の
外側の縁

12. サボテンの実と花を食べる。

茎の根元を切り開いて皮の内側を吸います。飲みこまないように注意しましょう。移動する際は中果皮を大量に持ち歩き、喉の渇きを癒やしてください。白い樹液が滲み出ているサボテンは避けましょう。毒があるため、口内や喉の粘膜に炎症を引き起こす恐れがあります。砂漠に生えているサボテン以外の植物は食用ではないので、食べると体調を崩します。

サボテンの実と花は
食べられる。茎の根元を
輪切りにして中果皮を吸う。

準備段階ですべきこと

人口の少ない砂漠地帯へ赴く際には、行き先、旅行期間、予定ルートを誰かに伝えておきましょう。さもないと、遭難しても誰も助けにきてくれません。車で移動する場合は、前もって車の整備をしておき、下記を用意しておくこと。

▶ 新しい電池。

▶ ホース（強く握って硬いものを選ぶこと。形が崩れるほどやわらかいものは使用しないこと）。

▶ 正しい空気圧のスペアタイヤ。

▶ 予備のファンベルト。

▶ 工具。

▶ 予備のガソリンとオイル。

▶ 水（車の場合は約20リットル）。

安全に運転する方法

▶ 空を注意深く観察しておきましょう。積乱雲があると、現在地では雨が降っていなくても湿地帯で鉄砲水が発生する可能性があります。

▶ 砂塵嵐に遭遇したら、直ちに進路を変えましょう。車のライトを消して非常灯に切り替えます。砂塵でフロントガラスに穴が開くのを防ぐため、風に背を向けてください。

▶ 湿地帯や砂漠地帯を走行する前に、地盤の確認をすること。たった1分間自分の足で確かめるだけで、オイルパンに穴が開くのを防ぎ、数時間もつらい道のりを徒歩で移動する羽目になるのを避けられるでしょう。

▶ 車が故障しても、離れないようにしてください。防災用品はすべて車の中にあるのですから。ボンネットとトランクの蓋を開けて"助けが必要な状態"であることを周囲に知らせましょう。数キロ離れていても車は目視できますが、生身の人間は発見されにくいです。

▶ 助かる道が明らかにわかっている場合のみ、故障車から離れる。

▶ エンストや遭難の場合は、狼煙を上げましょう。日中は煙を上げる炎を焚き、夜間は明るい炎を焚きます。焚き火で三角形を作ることで助けを求める合図になります。

▶ 道路に出たら、その場から動かない。

徒歩で移動するときの持ち物

▶ 水（目安は1人につき、1日約4リットルを用意しておけば十分でしょう。7リットル以上用意しておけば、より賢明で安全です）。

▶ 近隣の人口密集地域を示す地図。

▶ 防水加工のマッチ。

▶ ライター、もしくは火打ち石と銅鉄。

▶ 『もしもワニに襲われたら』（本書）。

▶ 強力な日焼け止め、帽子、温かい服、毛布。

- ▶ ポケットナイフ。

- ▶ 信号を送るための鏡。

- ▶ ヨウ素錠。

- ▶ 小さめの筆記用具。

- ▶ 笛（短く３回吹くことで助けを求める合図になります）。

- ▶ 水筒。

- ▶ アルミホイル。

- ▶ コンパス。

- ▶ 救急セット。

遭難しないために

- ▶ 歩きながら、来た道を定期的に振り返りましょう。遭難した
  ときに引き返せるように、どんな道を歩いてきたのかを記憶
  しておくこと。

- ▶ なるべく整備された道を通りましょう。歩きながら、木や枝
  に目印をつけてください（道標となる目印なら何でもいいで
  す）。または石を積み重ねて作る"ケルン"を残してもいいで
  しょう。

もしも山で遭難したら

山で遭難した場合、最も多い死因が低体温症です。人間は、基本的に熱帯性の動物なのです。暗闇、孤独、先が見えない不安などに直面しても冷静でいれば、無事に生還できる確率も高くなります。生還するために重要なもののうち8割が、遭難者の行動です。1割がサバイバル用品、そして残りの1割がサバイバル用品に対する知識です。出かける際は、必ず誰かに行き先と日程を告げておきましょう。

1. パニックに陥らない。

誰かに行き先を話していれば、救援隊が捜索を始めているはずです（通常、遭難者が大人の場合は日中のみの捜索ですが、子供が1人で遭難している場合は24時間態制で捜索します）。

2. 避難場所を探し、濡れた服は脱いで体温を下げないこと。

無意味な行動——避難場所を自ら建てようとして重い丸太を運ぶなど——は、発汗を促して体温を下げてしまいます。建築に着手する前に、近くにある小屋を避難所として使用してください。雪山の場合は、雪を洞窟のように掘って風から身を守ることもできます。塹壕（戦場において、敵の

穴や溝を掘って冷気から
身を守る。落ち葉や枝で
覆って体温を下げないように
すること。

攻撃から身を守るための溝）のように掘れば、より高い効
果を得られるうえ、労力も少なくて済みます。溝を掘り、
中に入ったら枝や葉で覆うだけです。塹壕や洞窟は、なる
べく山の中腹に作ってください。深く、険しい峡谷には近
づかないこと。冷気が溜まりやすく、峡谷の地面は山の中
で最も温度が低い場所だからです。

3. 救援隊に救難信号を送る。

救難信号を出すのに最も適した時間帯は、日が出ている間
です。信号装置を使うか、焚き火で三角形を作るのがいい
でしょう。高所から合図を送ると、救援隊から見やすくな
るので効果的です。大きな音を出せば、遠くの救援隊にま
で届く可能性があります。狼煙を三箇所で焚き、ブランケッ
トを地面に置いておきましょう。スペースブランケットの
場合は、アルミの面が上になるように置くこと。

4. **遠くまで移動しない。**

   救援隊は遭難者の痕跡を辿ってきますので、遠く離れてしまうと捜索が困難になります。別の方向へ進んでしまうと、見つけてもらえない場合もあります。運転手がその場を離れてしまったため、無人の車だけが発見されるケースが非常に多いです。

5. **凍傷になっても、危機を脱出するまでは温めないこと。**

   足先が凍傷になっても歩行は可能です。しかし温めてしまうと痛みを感じるようになるため、歩行が困難になります。救助されるまでは、凍傷になった部位を濡らさないように保護しておきましょう。

準備段階ですべきこと

自然を楽しむ際は、目的地にふさわしい服装を選びましょう。次の手順を参考に、重ね着をしてください。

1枚目（インナー） 長袖の下着を選ぶこと。素材はポリプロピレンが望ましいです。高い保温効果は望めませんが、肌の水分を吸収させるための肌着です。

2枚目（ミドルレイヤー） "デッドエア（動かない空気)"で熱を発生させて保温効果を高めてくれる、ダウンパーカーなどを選びましょう。

3枚目（アウター） ゴアテックスなど、通気性に優れた上着を選びましょう。湿気を吸収せず、外に逃がしてくれる素材を選ぶこと。乾いていること、保温力が高いこと、この2つが生死を分けます。一度濡れてしまうと、完全に乾かすのは非常に困難です。

下記を必ず持参するようにして、使い方もしっかり調べておくこと（明かりのない自然の中で、初めて取扱説明書を読むのは推奨できません）。

▶ **熱源** ライターだけでなく、防水加工されたマッチもいくつか用意しておきましょう。トリオキサン（米軍でも使用される、小型で軽い化学薬品の熱源のこと）がおすすめです。乾いたリント布（軟膏や湿布を塗布するときの土台に使う医療用の布）も、非常に燃えやすく軽量なためおすすめです。

▶ **シェルター** 保温断熱素材で作られたスペースブランケットを持参すること。片面が銀色（暖を取るため）で、もう片面が金色のものを選びましょう。金色の面は救難信号として使えます。銀色の面は、救難信号には使えません。氷や鉱石と勘違いされてしまう可能性があるためです。自然界に金色のものは存在しないため、ほかのものと勘違いされることはありません。

▶ **信号装置** 発煙筒や笛と同様に、小型の鏡でも救難信号を送れます。人間の声より遙か遠くまで届くため、助かる可能性が高くなります。

▶ **食料** ベーグル、トレイルミックス、グラノーラ・バーなどの炭水化物を持参しましょう。タンパク質は、分解するのに熱を必要とするうえ、消化のために多くの水分を消費してしまいます。

もしも雷鳴が
聞こえてきたら

　1億ボルト以上の電力を持つこともある稲妻から、完全に身を守れる場所など存在しません。しかし、より危険な場所を避けることはできます。四方を壁に囲まれた建物の中や、車（オープンカー以外）の中にいれば、大抵の雷雨はやり過ごせるでしょう。

1. 轟音、または連続して雷鳴が響いている場合は要注意。

稲妻が見えていて、さらに雷鳴も聞こえているというのは危険な状況です。急な強風や降雨などは落雷の前兆だとされています。通常、雷雨は西から東へ移動し、湿度が最も高くなる夕方や午後の早い時間に発生することが多いです。

2. 稲妻が走ってから雷鳴が聞こえるまでの時間を数える。

稲妻が見えてから雷鳴が聞こえるまでの秒数を数えてください。音は秒速約340メートルの速さで伝わります。「340×（稲妻が見えてから雷鳴が聞こえるまでの秒数）」で、嵐（落雷地点）までの距離が測れます。もし5秒なら「340×5＝1700メートル」ですから、約2キロ以内に落雷があるだろうという目安になります。しかし、活発な雷雨の場合は短い間に複数の稲妻が落ち、どの音がどの稲妻のものなのかを正確に判断するのは困難を極めます。もしもわからなくなった場合は、「雷が聞こえたら、直ちに屋内へ避難

すること」という言葉を思い出してください。

3. 危険だと判断した場合は "30-30ルール" に従う。

光（稲妻）が見えてから轟音（雷鳴）が聞こえるまでの間
が30秒以内の場合は、直ちに屋内へ避難してください。最
後の雷鳴から30分が経過するまでは、屋外へ出ないこと。

4. 危険が増す状況を避ける。

▶ 高所、周囲に何もない場所、植物が生息できないほど標高が
高い場所は避ける。

▶ １本だけ生えている木の近く、無防備な展望台、開けた場所
にある休憩所、低地になっている場所は避けてください。低
地に向かって地中を走る電気が人体に流れる可能性がありま
す。

▶ 通信塔、旗竿、電柱、金属製または木製の観客席、金属製の
フェンスから離れること。

▶ 海、湖、プール、川などの水辺を避ける。

▶ ゴルフカートやオープンカーには乗らない。

▶ キャンプ中であれば、開けた場所に張ったテントや、大きな
木の近くに張ったテントの中には入らない。

▶ 最新技術を用いた登山中であれば、ロープやリュックなど、
金属ではないものの上に座ってください。ロープで岩場など
にしっかり固定してください。落雷でバランスを崩しても、
体を支えてくれるでしょう。

5. 周囲に何もない場所で雷雨に遭遇した場合は、"雷避けの姿勢"をとる。

体を丸めるようにしゃがみこみ、体をできる限り小さくしてください。絶対に地面と平行に寝そべらないこと。地面を走る電気が人体に流れる危険があります。

周囲に何もない場所では、絶対に寝そべらないこと。手と膝を地面について頭を低く下げる。

6. 嵐が通りすぎるのを待つ。

雷鳴が鳴り止めば、落雷の危険性は時間とともに低下していきますが、30分をすぎても危険な場合もあります。たとえ現在地が晴れていても、雨が降っていなくても、澄みきった空だったとしても、近くに雷雲がある以上は落雷の危険があると思ってください。

[プロの助言]

▶ 小さな建物や開放的な建物よりも、大きくて閉鎖的な建物のほうが安全です。落雷による負傷の具合は、建物が耐雷設計になっているか、建物の建築素材、そして建物の規模に左右されます。

何があっても、
木の下には避難しないこと。

▶ 車、トラック、バス、小型トラックなどの屋根のある車両や、しっかり窓を閉めた農耕用作業車は落雷から身を守るのに適した避難所になります。金属部への接触を避け、車外や車内の導電面を触らないようにしてください。

▶ 屋内にいる場合も、シャワー、シンク、衛生器具、金属製のドア、木製の枠などの導電面には触らないこと（通常、乾燥した木は電気を通しにくいです。ただし自然界にある木や水分を多く含む木材は、電気を通しやすくなります）。

▶ コンセントや電気コード、さらに電話、コンピューター、テレビなどの有線の電気製品（特にケーブルテレビの場合）も避けてください。

雷に打たれた人の治療法

1. 落雷を通報し、救急隊員に居場所を伝える。

雷に打たれても、すぐさま治療を受ければ命が助かる可能性もあります。もしも複数人が落雷の被害に遭った場合は、"死んでいるように見える人"から治療を行ってください。意識がなくとも呼吸ができている負傷者は、自力で回復できると思われます。落雷による主な症状は、鼓膜の破裂、意識消失、そして電撃による体の麻痺です。麻痺を起こすと手足が青白くなって動かせなくなりますが、数時間で自然に治ります。

2. 自分まで雷に打たれないよう、安全な場所へ避難する。

雷に打たれたことが原因で、麻痺が残ったり、出血性合併症を引き起こしたりするほどの大怪我をすることは滅多にありません。通常、そういった場合は高所から落下していたり、遠くまで弾き飛ばされたりしたことが原因です。必要であれば、負傷者を運んで移動させてください。一度雷に打たれたからといって、体内に電気が残ることはありませんので、治療のために負傷者に触っても危険はありません。

3. 地面が濡れている場合や寒い場所などでは、負傷者と地面の間に保護材を敷く。

低体温症になると蘇生がより困難になるため、負傷者の体温を下げないようにしましょう。

4. **火傷をしていないか確認する。アクセサリーや時計の周辺は特に念入りに。**

   患部が腫れてくる前に、アクセサリーや時計を外しておきましょう。

5. **負傷者が息をしていない場合は人工呼吸を行う。**

   5秒おきに1回、息を吹きこんでください。負傷者を動かす場合は、その前に短く息を吹きこんでおきましょう。

6. **脈を確かめる。**

   頸動脈（首の横）、または大腿動脈（脚の付け根）の脈を、最低でも20～30秒間確かめてください。

7. **脈が確認できない場合は、心臓マッサージを行う。**

8. **脈が戻ったら、人工呼吸を続ける。**

   必要な限り続けてください。

9. **20～30分間続けても脈が戻らない場合は、救命活動をやめる。**

   医師による治療が得られない状況下では、CPR（心肺蘇生法）による延命効果は期待できません。最初の数分で脈や呼吸が戻らない場合、命が助かる見込みはかなり低いでしょう。

もしも手足を
切断しなきゃ
ならなくなったら

必要なもの

▶ 鋭いポケットナイフなどの刃具（は ぐ）。ノコギリ刃のついているものが望ましい。

▶ 止血帯（革のベルト、または5センチ幅の布きれ）。

▶ 巻き上げ機（止血帯をきつく締めつけるための頑丈な棒のこと）。

1. 締めつける部位の感覚を麻痺させる（任意）。

氷、雪、冷水などが手に入る場合は、手足の締めつける部分を覆うか浸すかして、完全に感覚が麻痺するか、凍傷になるまで冷やします。この手順は、手足を切断するしかない状況でのみ、実践してください。

2. 止血帯を結ぶ。

骨が1本しかない部分に、止血帯をゆったりと巻きつけます。脚や脚関節が何かに挟まって抜けない場合は、膝の上の大腿部を縛ってください。腕や手が何かに挟まって抜けない場合は、前腕ではなく、肘より上の上腕を縛ってくだ

さい。骨折している場合は、患部のすぐ上を縛ります。そして止血帯を結んで縛りつけてください。

3. きつく締める。

止血帯に巻き上げ機を差しこみ、その上で止血帯の端で結び目を作ります。そのまま巻き上げ機をくるくる回すように絞り、止血帯をきつく締めつけます。毛細血管再充満試験（縛った手足を指で押すこと）を行い、白くなった部分が元の肌色に戻らなければ、十分に強く締められている証拠です。巻き上げ機が緩まないように、もう一箇所結び目を作っておきましょう。

4. 処置の準備をする。

切断部位から流れ出る血液を拭うために、乾いた布を用意します。止血帯をしているので、出血量はさほど多くないはずです。

5. 頭部を守る。

激痛のあまり、30秒以内に気絶するでしょう。意識を失って倒れこんだ際に頭部を負傷しないよう、岩などの障害物がない場所を選んでください。

6. 切断する。

骨折している場合は、骨折箇所で切断します。それ以外の場合は、何かに挟まっている部位に最も近い関節で切断してください。つまり、肘、手首、膝、足首です。骨の下にある窪みにナイフを当て、皮膚と組織を切断します。深く、鋭く切りこんでください。ノコギリで切るように、手を前後に動かさないこと。患部の出血は、布で拭ってください。傷口から肉片を押しのけるようにして、切断部がしっかり見

えるようにしましょう。気絶してしまった場合は、意識が戻ってから続きを行ってください。骨まで到達したら、ノコギリ刃の出番です。10～15分以内に切断を完了させてください。

7. 挟まっていた手足が自由になる。

関節で切断できたら、手足はもう自由です。2本目の止血帯を切断部の真上に装着して、きつく縛ってください。その後、最初の止血帯を外します。

8. 切断部を布で覆い、医療手当が受けられる場所を探す。

［プロの助言］

▶ 手足の外傷性切断が、必ずしも致命傷になるとは限りません。対処すべき優先度は、動脈からの大量出血、静脈からの緩やかな出血、痛み、感染症の順番です。数分で命に関わるような、緊急を要する症状は大量出血のみです。

もしも雪崩に
襲われたら

1. 雪に飲みこまれないようにする。

水泳のクロールのような動きで、雪に飲みこまれないようにもがいてください。それに失敗してしまったら、腕で顔を覆ってください。こうすることで、雪が口と鼻をふさいでしまうのを避けられます。また、顔の周りに空気を確保できる確率が増えます。

2. 体の一部が埋もれた場合は、腕と脚を使って抜け出す。

可能であれば、手足を動かして雪から抜け出しましょう。雪崩の雪というのは水分を含んだ雪玉のようなもので、さらに言えばセメントのような質感をしています。軽くもなければ、ふわふわでもありません。一度飲みこまれてしまったら、自力で抜け出すのは困難を極めます。

3. 全身が埋もれた場合は、方向を確認して掘る。

完全に飲みこまれてしまった場合、助かる可能性が最も高いのは目撃者がいるときです。まだ手元にスキーのストックが残っている場合は、さまざまな方向に突き刺して空気のありそうな場所を探し、その方向へ掘り進めていきましょう。もしくは小さな穴を掘り、そこに唾を吐いてください。唾液は下へ向かって落ちていきますから、どの方向が上か

雪に飲みこまれないように、
クロールで逃げる。

見分けることができます。すぐさま上に向かって掘り進め
ましょう。

雪崩の可能性がある地域へ行くときに
持っていくべきもの

雪崩ビーコン　同行者が持っている雪崩ビーコンが電波を
受信することで遭難者の位置を知ることができます。

プローブ　一部がアルミニウムで作られた頑丈なスティッ
クで、完全に伸ばすと185センチから250センチ程度の長

さになります。緊急時にはプローブとして伸ばして使用できるタイプのストックも発売されています。

折りたたみ式で金属製の小型シャベル　プラスチックのシャベルでは、ぎゅうぎゅうに密集された雪崩の雪をかき出すことはできません。

エアバッグ　リュックサックのように背負えるタイプで、雪崩発生時には紐を引けば膨らむものを選ぶこと。雪に飲みこまれずに上部に浮いていられる可能性が高まります。

［プロの助言］

▶ 雪崩発生の恐れがある地域へ１人で行くのは、絶対にやめましょう。

▶ 雪崩は新雪が積もった場所で発生します。雪山の風下で（追い風状態のこと）、暖かい日の午後に発生しやすくなります。朝の日差しによって雪塊が溶けて緩くなるためです。特に多発するのは30〜45度の傾斜の山腹であり、これは多くのスキー場に当てはまる角度です。

▶ 雪崩は、多くのことが原因で発生します。たとえば、直近の降雪、風、日光などです。新雪が積もったあとに荒天が続くと、それぞれ硬さの異なった雪の層ができあがり結びつきが弱くなってしまうため、非常に不安定な状態となってしまうのです。

▶ 大きな音が雪崩を引き起こすことはありません。大地や雪に強大な震動を与えるほどの大きな音でない限り、原因にはなり得ないのです。

▶ 雪崩を引き起こす可能性が最も高いアクティビティといえば、スノーモービルです。軽量さとパワーを備えた乗り物で、雪崩が起きやすい高所まで簡単に登れてしまうのですから当然です。

▶ 危険性のあるゲレンデをグループで楽しむ場合は、全員で一気に滑るのではなく、雪崩の発生を防ぐために１人ずつ滑るようにしましょう。

雪崩に飲みこまれた人を救助する方法

1. 助けを呼ぶ。

雪崩に飲みこまれた人を発見したら、直ちに地元の捜索隊と救援隊に連絡してください。あまりにも辺鄙な場所では、スキー場にパトロール隊がいないかもしれません。

2. 迅速に行動する。

30分以内に雪から掘り出さなければ、被災者が助かる可能性は50パーセントを切ってしまいます。

3. 雪上に服やスキー用具が落ちていないか探す。

近くに被災者がいるかもしれません。ビーコンを持っている場合は "受信モード" に切り替えて、周囲をジグザグに歩いて電波を拾うか確かめてみましょう。

4. プローブを使う。

強い電波を拾ったら、プローブを使って雪の下にいる被災者の位置を特定します。

5. 折りたたみ式のシャベルで被災者を救出する。

もしもパラシュートが開かなかったら

パートナーがいる場合

1. **直ちに合図を出してパートナーに伝える。**

   通常、スカイダイバーたちは地上から15〜20秒の高さでパラシュートを開きます。そのため、迅速な行動が生死を分けます。パラシュートの不調を感じたら、まだパラシュートを開いていない仲間に合図を送って伝えてください。腕を振り、パラシュートを指差せば伝わるでしょう。

2. **気づいてくれた仲間（もはや親友ですよ）と腕を組む。**

3. **しっかりつかまること。**

   仲間がパラシュートを開くと終端速度がかかるため、つかまっているのは不可能でしょう。速度は時速約210キロメートル、さらに体重の3〜4倍の重力がかかります。腕の力だけでお互いを支えておくことはできません。仲間の胸のストラップか、2本のハーネスに肘まで腕を通して自分のストラップを握ってください。

仲間と腕を組む。それから胸のストラップに
肘まで腕を通して自分のストラップを握る。

4. パラシュートを開く。

パラシュートが開くときに強い衝撃がかかるため、腕の脱
臼や骨折は覚悟しておいてください。

5. キャノピーを操縦する。

仲間は、あなたを片腕で支えながら片腕でキャノピー（パ
ラシュートの方向や速度を調整する部分）を操縦している
はずです。大型のキャノピーでゆっくり落下している場合
は、脚の骨折くらいで済むでしょう。命が助かる可能性は
高いです。キャノピーが小型の場合、地面に叩きつけられ

ないように、低速で着地しなくてはなりません。さらに、電線や障害物を全力で避ける必要もあります。

6. **水場があれば着水する。**

近くに水場があれば、そこを目指してください。着水後は、脚力だけで速やかに浮上しなくてはなりません。パラシュートが水に沈んでしまう前に、仲間が引き上げてくれることを祈りましょう。

誰もいない場合

仲間もいない、パラシュートは不調、もしくは "まったく開かない" 状況に陥った場合でも、まだ希望はあります。

1. **予備のパラシュートが入っている袋をフック型ナイフで切り、メインのパラシュートを開く。**

2.5センチほどの小さな切れ目を袋に入れて予備のパラシュートを引き出し、気流に乗せます。すると自動的にメインのパラシュートが開くことがあります。

2. **上記の手順がうまくいかずに自然落下が続く場合は、着地の衝撃を和らげてくれる着地点を探す。**

木々の多い場所や沼沢地などの枝や下草の多い場所なら、着地の衝撃を多少なりとも和らげてくれる可能性があります。木々の生えていない場所では、平地ではなく斜面に着地すること。

3. 背中から着地する。

開かなかったパラシュートがクッションとなり、保護の役割を果たしてくれるかもしれません。着地する際は体をVの字に折り曲げ、手で頭部を守りましょう。

準備方法

ジャンプする前に、必ずパラシュートの点検をしましょう。幸運なことに、現代のパラシュートは必ず開くように設計されています。準備段階で致命的な失敗をしていたとしても、自力で開いてくれるのです。とはいえ、予備のパラシュートは必ず資格を持った人に用意してもらいましょう。予備のパラシュートは命をつなぐ最後の手段ですので、完璧に準備を整えておくこと。下記の確認を怠らないようにしましょう。

▶ パラシュートはまっすぐたたむこと。よじれないように折りたたみ、パラシュートが早く開きすぎてしまうのを避けるため、スライダーを正しい位置に整えておきましょう。

もしもダイビング中に空気タンクがからっぽになったら

1. **パニックに陥らない。**

2. **仲間のダイバーに危機を伝える。**

   タンクやレギュレーターを指差して伝えましょう。

3. **レギュレーターを共有しながら、ゆっくり海面へ浮上する。**

   2呼吸ごとに交代して、仲間とレギュレーターを共有してください。仲間と一緒に浮上しながら、息を吐き出します。また2回息を吸って、仲間と交代します。これを海面に出るまで繰り返してください。ほぼすべてのダイバーが、自身のタンクにつながる予備のレギュレーターを持っているはずです。

4. **共有できる人がいなくても、故障したレギュレーターを口から離さない。**

   浮上するにつれてタンク内の酸素が膨張し、数回分の呼吸ならまかなえる可能性があります。

レギュレーターはくわえたまま。

海面を見上げ、
できる限り気道を
垂直に保つ。

息を吐きながら、
ゆっくり海面まで泳ぐ。

5. まっすぐ上を見て気道を垂直にする。

海面までは、ゆっくり泳いで浮上すること。

6. 浮上しながら、ゆっくり息を吐き続ける。

大切なのは、浮上しながら息を吐き続けることです。息を吐き続けないと塞栓症を引き起こす恐れがあります。息を吐くスピードも重要です。ゆっくり吐き続けてください。浮上を始めて最初の数秒で、一気に息を吐ききらないこと。少しずつでも、ゆっくり息を吐き続けることで気道が開き、肺から空気が流れ続けます。

[プロの助言]

▶ 絶対に1人で潜らない。

▶ 圧力計と水深計をこまめに確認する。

▶ 仲間のダイバーたちと、合図が届く距離、泳いで近づける距離であることを常に意識する。

▶ 緊急時にはレギュレーターを共有してください。急いで海面に浮上するより、仲間のレギュレーターを借りるほうが安全です。水深が深いほど、海面まで時間をかけて浮上する必要があります。

▶ 約9メートル以上の水深にいる場合は海面に浮上するのではなく、仲間とレギュレーターなどを共有してください。

もしも火おこし用の
マッチがなくなったら

準備するもの

▶　ナイフ

▶　**焚きつけ**　大小問わず、複数用意しておくこと。

▶　**木材**　どんな木でも、乾いていれば火がつきます。下唇に木材を当ててみて冷たいと感じたら、濡れている可能性があります。1〜2秒後に温かいと感じれば、十分に乾燥している証拠です。

▶　**弓状の木**　腕の長さ（約60センチ）ほどの弓状の木。

▶　**紐**　靴紐、パラシュートの紐、革紐など。パラシュートの紐を使用する場合は、内側の糸を取り除いてください。こうすることで、紐が心棒をつかみやすくなります（98〜99ページ参照）。ユッカやトウワタのように筋張った頑丈な植物から、紐を作ることも可能です。

▶　**持ち手**　動物の角、骨、硬材、岩、貝殻など手のひらサイズのものが望ましいです。小枝などの先端につけられるようにへこみをつけておきます。

▶　**燃料**　耳垢、皮脂、丸めた雑草、リップクリームなど、油分を含むものなら何でも使えます。

- ▶ **心棒** 直径約2センチ、長さ約20〜25センチのまっすぐな棒を用意する。やわらかい木材を選ぶことで、親指の爪で簡単にへこみをつけられます。棒の先は丸く削り、逆側の先はとがらせておく。

- ▶ **木版** 厚さ約2センチ、幅約5〜7センチ、長さ約25〜30センチの木版を用意する。前述したように、木材は親指の爪でへこみをつけられるくらいやわらかいものを選ぶこと。木目が縦方向になるように整える（木版の上から下に沿って流れるように）。端から約1.3センチのところに浅いへこみを作る。そして、板を三角形に切りこむ。三角形の底辺が外側、頂点が内側になるように切りこむこと。

- ▶ **受け皿** 樹皮、枯れ木、葉などをV字の切りこみの下に入れて熾火（おきび）（100ページ参照）の受け皿にする。動物の骨を小さく平らに掘ったものでもいい。

- ▶ **巣** 乾いた樹皮、雑草、葉、ガマの綿毛など、燃えやすい素材を鳥の巣のように形成したもの。

火のおこし方

1. **弓状の木に、紐をしっかり結ぶ。**

   木の両端を結んでください。

2. **木版を固定する。**

   右膝を地面につき、左足の親指を木版につけて地面にしっかり固定してください。

3. **受け皿を木版の切りこみの下に設置する。**

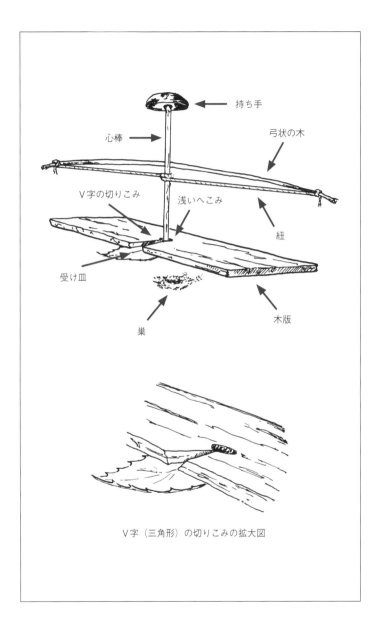

持ち手

心棒

弓状の木

V字の切りこみ

浅いへこみ

紐

受け皿

木版

巣

V字（三角形）の切りこみの拡大図

4. **弓状の木を手に持つ。**

5. **紐の中心部に輪を作る。**

6. **その輪に心棒を通す。**

   とがっているほうの先端を上に向けて、心棒を弓の中に入れます。紐に緩みがないことを確認してください。ピンと張っていない場合は、心棒に紐を巻きつけるか、両端の結び目で調整が必要です。弓を握っている手の親指を紐に当てて力を加減してください。

7. **持ち手を滑らかにする。**

   持ち手の穴が下にくるように左手に持ち、へこみ部分を滑らかに加工する。

8. **心棒の先端が丸いほうを木版のへこみに当て、とがっているほうを持ち手のへこみに差しこむ。**

9. **持ち手を軽く押さえながら、弓を前後に引く。**

   心棒がゆっくり回転します。ゆっくりと、弓を最大限に動かしてください。

10. **持ち手に力を加え、弓を引くスピードを上げる。**

    木材が熱を帯びるので、持ち手に加える力を大きくしていってください。切りこみの下をのぞいてみましょう。切りこみに溜まった木くずから煙が上がっているのが見えるはずです。さらに加速させて力を加えてください。多量の煙が出てきたら、熾火が発生した証です。熾火とは、火がつく一歩手前の、木材などが真っ赤になっている状態を指します。

弓状の木に、
紐をしっかり結ぶ。

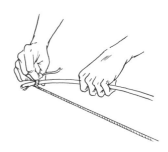

紐の中心に輪を作り、
そこに心棒を通す。

持ち手に軽く力を加える。
弓を前後に動かして
心棒を回転させる。

11. 弓を止める。

心棒を取り除いてください。

12. 熾火を消さないようにする。

木版を取り外し、熾火を葉や小枝などと一緒に受け皿に乗せておきましょう。熾火が大きくなるように、手や帽子で酸素を送ります。熾火に直接息を吹きかけないでください。吹き消してしまうか、呼吸に含まれる湿気で消えてしまう恐れがあります。

13. 熾火を受け皿から"巣"へ移動する。

14. 巣を固定して、熾火に一定量の酸素を送る。

やがて、巣全体に火が広がります。

15. 巣に焚きつけを加える。

焚きつけに火が回ったら、徐々に大きな木片などの燃料を加えていく。

[プロの助言]

▶ 大自然の中でサバイバルを強いられた場合、1つの火おこし方法にこだわらないこと。

▶ 悪天候（降雨、降雪、寒気など）の場合、上記の方法では火がつかない可能性が高いです。

▶ 自宅で練習して、火おこしに慣れておきましょう。

もしも脱水症状に陥ったら

1. 水は節約しながら、きちんと飲む。

たとえ少量だとしても、水を持っているのならとっておかずに飲んでください。おおよそ4～6回分に分け、数時間ごとに必要なだけ飲むこと。

2. 食事は控える。

食物を適切に消化するには、水分が必要です。十分な食料が確保できている場合は、体力をつけるために少量ずつ口にしましょう。

3. 日中の行動を控える。

乾燥した砂漠地帯では、日中は非常に気温が高く、夜間は一気に冷えこみます。汗をかくと脱水症状が悪化するので、行動するのは発汗が抑えられるほど気温が下がってからにしましょう。

4. 渓谷や小峡谷を探す。

砂漠の枯れ川や川床（小峡谷）は、表面上は干上がったように見えても、雨水を蓄えているかもしれません。鋭角なカーブの外側を、最低でも約1メートルは掘ってください。

きれいに見える水でも、必ず布でろ過してから飲みましょう（詳しくは「もしも砂漠で遭難したら」の67〜68ページを参照してください）。

5. 緑色の植物を探す。

緑色の植物は、地表深くから水分を引き上げています。砂漠地帯で水を得るには、植物の根元を掘ることです。

6. サボテンを切る。

ナイフなどで、サボテンを根元から切ります（先端を切らないようにしてください）。棘を取り除き、中の髄を噛みましょう。飲みこまないように注意してください。白い樹液が出てくるサボテンや植物は避けること。

7. 空を確認する。

鳥も水を必要とするので、あとを追えば水飲み場に辿り着くかもしれません。鳥が集まっている場所に行き、近くに水場がないか探してみましょう。岩の割れ目などから水が滲み出ている場合は、布を割れ目に押しこみ、その布を口元で絞ってください。

もしも汚れた水を
飲まなきゃならなく
なったら

自然界で安全な飲み水を確保する一次的方法は全部で6つあります。ろ過、堆積、薬剤処理、蒸留、煮沸、紫外線処理（太陽光による処理）です。処理によっては、飲む前に2つの段階を踏まなくてはならないものもあります。

ろ過

渓流、湧水、河川、湖、池など、水源が何であれ、必ず飲む前にろ過してください。

1. **ろ過器を探す、または作製する。**

   コーヒーフィルター、ペーパータオル、普通の紙、服（織り目が細かければ細かいほど理想的です）などがろ過器として使用できます。または、砕いた炭、小石、砂の順番で靴下に詰めても即席のろ過器になります。

2. **ろ過器に水を入れる。**

   混入物がなくなるまで繰り返してください。

[プロの助言]
▶ ろ過で取り除けるのは、多少の混入物のみです。バクテリアや微生物の駆除まではできません。ろ過処理した水を、薬剤処理、煮沸、紫外線に晒す、などの処理を行えば、より安全な飲み水になります。

堆積

多くの混入物を取り除けますが、時間がかかる方法です。また、ろ過と同様に微生物を駆除するには別の処理が必要です。

1. 水を汲んで、しばらく放置する。

清潔なバケツ、鞄、ボトルに水を汲んだら、可能な限り長く放置してください。堆積の性質上、18時間ほどは待つ必要があります。

2. 表面付近のきれいな水を確保する。

すべての浮遊物が容器の底に沈んだら、表面上のきれいな水を慎重にすくうか、別の容器に注ぎ入れてください。

3. 薬剤処理、煮沸、紫外線処理などで水を浄化する。

薬剤処理

1. 漂白剤かヨウ素を使用する。

約1リットルの水に対し、家庭用の漂白剤（洗浄成分が含まれないもの）を2滴入れます。水が極めて冷たい場合や、

濁っている場合には3滴入れてください。または約1リットルの水に対して、薬局で売っているヨウ素液（2パーセント濃度のもの）を5滴入れてください。

2. 漂白剤、またはヨウ素を混ぜた水を、最低1時間は放置する。

薬剤は微生物を駆除してくれます。長く置けば置くほど浄化されます。一晩中置いておくのが最も安全な方法です。

蒸留

太陽蒸留器は、太陽の熱を利用して地中の水分を蒸発させ、その水分を清潔な容器に溜めて飲用水とする方法です。太陽蒸留器の作り方は下記を参照してください。

1. 約30センチの穴を掘る。

容器が入る大きさの穴を掘ってください。

2. 穴の中心に容器を置く。

3. プラスチックなどで穴を覆う。

防水シートやゴミ袋の切れ端なども使えます。

4. カバーを固定する。

穴を覆っているプラスチックを、枝や石で固定してください。地面にピタリとくっつけて、中の空気が逃げないようにします。

5. **カバーの中心に約6ミリから1センチの穴を開ける。**
穴の横に小石を置いて、カバーを漏斗状にしてください。穴が容器の真上にくるように調整してください。このとき、穴が容器に触れないようにすること。

6. **待機する。**
太陽熱が地中の水分を蒸発させ、その水分がカバーで冷やされて水滴になって容器に流れこみます。太陽蒸留器では、一度に大量の水は作れませんが（だいたいコップ1杯分以下です）、すぐに飲めるほど安全な水を確保できます。場所を選ばずに行える手段ですが、地中の水分量と太陽熱の強さによって数時間から丸1日要する場合があります。

煮沸

最低でも1分間は煮沸します。海抜が約1000メートル上昇するごとに、煮沸時間を1分ずつ延ばしてください。

▶ 燃料に余裕があれば、飲む前に10分間は煮沸してください。長く煮沸するほど多くの微生物が死滅します。しかし10分間を超えると、それ以上の浄化作用は期待できません。熱湯のまま飲まないように注意してください。

▶ 燃料に限りがある場合は、飲む前に必ず低温殺菌を行ってください。65度まで加熱し、6分間維持してください。こうすることで、細菌、寄生虫、ウイルスが死滅します。長時間にわたり加熱する必要がないので、貴重な燃料を節約できます。ろ過が不十分で粒子状の物質が水中に確認できる場合は、2分間煮沸してください。粒子状の物質が大きい場合は、4分間煮沸してください。

紫外線処理

紫外線は多くの微生物を処理できます。紫外線処理は、水中の堆積物を取り除いたうえで行ってください。

1. **ろ過した水を、透明のボトルやプラスチック袋に入れる。**

   最大限の効果を得るため、2リットル以上の容器は使用しないでください。

2. **太陽光がしっかり当たる場所に、最低6時間は放置する。**

危険生物との戦い

もしもヘビに襲われたら

噛まれてしまった場合

1. **石けんと水で傷口を洗う。**

2. **患部を固定し、心臓よりも低い位置まで下げておく。**
   毒が回るのを遅くする効果があります。

3. **すぐに治療を受ける。**
   どんなヘビに噛まれようと、必ず医師の治療を受けてください。「自分が怒らせたのは、毒ヘビではなかったかもしれない」という可能性に命を賭けたいのなら話は別ですけどね。米国では毒ヘビに噛まれる事故が年間8000件も発生し、そのうち9〜15人の患者が命を落とします。毒ヘビに噛まれてしまったら、ヘビの種類にかかわらず直ちに医師の治療を受けてください。

4. **包帯を巻く。**
   噛まれたら、すぐに患部から5〜10センチ上部を包帯できつく縛ってください。こうすることで毒が体内に回るのを遅くすることができます。静脈や動脈の血流が止まってし

とぐろを巻く攻撃前のヘビ

ヘビは体長の約半分の距離まで攻撃を仕掛ける
ことができます。残りの半分は地面から離れる
ことはありません。

まうほど、きつく縛らないように注意してください。包帯
の下に指が1本入るくらいの余裕を持って縛りましょう。

5. **吸引装置を使って毒を吸い出す。**

　吸引装置が救急箱に入っている場合は、指示に従ってゴム
の吸引口を患部に当てて傷口から毒を吸い出します。この
とき、傷口を切開する必要はありません。口を使って毒を
吸い出すことは、絶対にしないでください。口の中が傷つ
いている場合、血液感染の恐れがあるからです。

やってはいけないこと

▶ 患部を氷などで冷やさないこと。吸引装置で毒を吸い出す妨
げとなります。

▶ 包帯や止血帯をきつく縛りすぎないこと。止血帯の使い方を
誤ると血流を完全に止めてしまい、手足の損傷につながる可
能性があります。

▶ 毒を出そうとして、傷口やその付近を切開しないこと。感染症の恐れがあります。

[プロの助言]

▶ 毒ヘビを見分けるのは非常に困難であり、中には毒ヘビと酷似した模様を持つ無毒のヘビもいます。毒ヘビに噛まれないようにする最善の対策は、どんなヘビであろうと、ちょっかいを出さないことです。確実に無毒のヘビだと判明している場合でない限り、毒ヘビだと思って接しましょう。

▶ たとえ噛んだのが無毒のヘビだったとしても、医師の治療を受けてください。深刻なアレルギー反応を引き起こす可能性があるからです。モハベガラガラヘビの中には神経毒を持つ種類も存在し、脳や脊髄などに影響を及ぼして麻痺が残ってしまう場合もあります。

ニシキヘビから逃げる方法

毒ヘビとは異なり、ニシキヘビなどの大蛇は獲物に毒薬を注ぎこむのではなく、体を締めつけて仕留めます（故に、大蛇はコンストリクター、つまり「獲物を絞め殺すヘビ」と呼ばれています）。コンストリクターは獲物に巻きつくと、相手が圧死するまで締め続けます。

1. ゆっくり動くこと。

勢いよく動いてしまうと大蛇が刺激され、さらに強く締めつけられる危険があります。だからと言って、ぐったりと死んだふりをするのもやめましょう。大蛇は通常、獲物が死んで動かなくなったあとも締めつけるのをやめません。

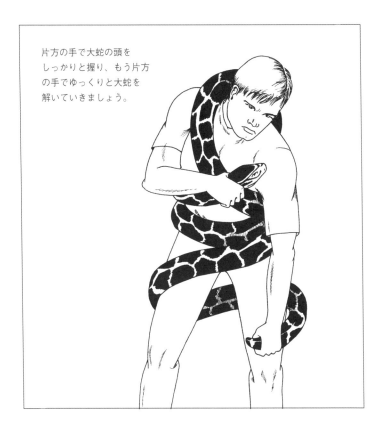

片方の手で大蛇の頭を
しっかりと握り、もう片方
の手でゆっくりと大蛇を
解いていきましょう。

2. 大蛇の頭をつかむ。

片方の手で大蛇の頭を握り、動きを封じます。

3. 巻きついた大蛇を引き離す。

頭をつかんでいないほうの手で大蛇の尻尾をつかんで、体
から引き離しながら巻きついた大蛇を解きます。

4. 大蛇を気絶させる。

大蛇が締めつけをやめずに逃げられない場合は、大蛇の頭を思いきり殴って一時的に気絶させましょう。その隙に体から引き離してください。

[プロの助言]

▶ ニシキヘビなどの大蛇は体長が6メートルを超え、大人の人間を殺せるほどの力を持っています。小さな子供では、より簡単に襲われてしまうでしょう。

▶ ほとんどのニシキヘビは、大人の人間を食べようとはしません。攻撃を仕掛けたあとに逃げてしまうことのほうが多いでしょう。

攻撃されないためには

▶ 近づかない、突かない、動かそうとしない、殺そうとしない。

▶ ヘビと遭遇したら、ゆっくり後ろに下がって距離を保つこと。ヘビは体長の半分の距離まで簡単に攻撃を仕掛けてきます。種類によっては1メートルを超えるヘビもいるので注意しましょう。

▶ 毒ヘビがいる場所でハイキングをする場合には、分厚い革のブーツと長ズボンを着用してください。

▶ 標識のあるコースから離れないこと。

▶ ヘビは環境の温度変化に応じて体温が変化する変温動物であり、体温調整のため日光浴が必要な生き物だと覚えておきましょう。温かい岩の上など、日の当たる場所にはヘビが潜んでいる可能性が高いです。

もしもサメに襲われたら

1. **冷静でいること。**

   サメが近づいてきたとしても、おそらく人間に興味を抱いただけでしょう。巨大なサメは本来、静かに距離を詰めて獲物に襲いかかるタイプの捕食者です。通常、これから攻撃を仕掛けようというときに自らの姿を晒すようなマネはしません。

2. **目かエラを殴る。**

   万が一サメが襲いかかってきたら、カメラ、探針、捕鯨砲、握り拳など、使えそうなものは何でも武器にしてください。それらで、痛みに弱い部分である目かエラを殴りつけてください。

3. **すばやく、鋭く、繰り返しジャブを繰り出す。**

   捕食者の本能として、サメは自分が優位だと確信した場合のみ攻撃を仕掛けます。そのため、サメに「勝てるかどうかわからない」と思わせれば生還できる可能性が高まるというわけです。世間では「鼻先への攻撃が有効だ」と言われていますが、目やエラに手が届かない場合を除いて、率先して攻撃すべき場所とは言えません。サメを殴ることで、「自分は無抵抗じゃないぞ」と伝えましょう。

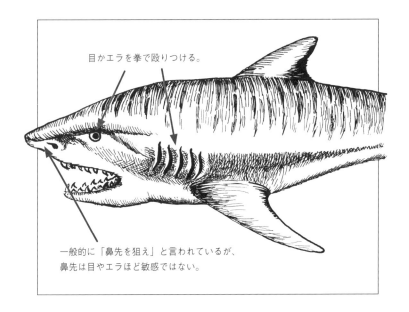

目かエラを拳で殴りつける。

一般的に「鼻先を狙え」と言われているが、
鼻先は目やエラほど敏感ではない。

攻撃されないためには

● **常にグループで行動する。**

サメは単独で行動する獲物を狙う傾向にあります。

● **岸から離れすぎないこと。**

孤立してしまううえに、すぐに助けられない危険性も高ま
るので注意しましょう。

● **夜中や夕暮れ時などの暗い時間帯は海に入らない。**

サメは暗闇で活発に活動する習性があり、非常に優れた感
覚を持っています。

● **傷口から出血がある場合、または月経中の場合は海に入らない。**

非常に鋭い嗅覚で血の匂いを感知し、その匂いに引き寄せられてしまいます。

● **キラキラする装飾品をつけない。**

光の反射を魚のうろこだと勘違いされて、襲われる危険があります。

● **下水などの流出が確認されている場所、または釣り人や漁師が去ったあとの水域での遊泳は避ける。特に餌となる魚に触れたあとは海に入らないこと。**

多くの海鳥が海中に飛びこんでいる場合は、こうした活動が行われたあとの可能性が高いです。

● **海水が濁っていて視界が悪いときは、特に注意すること。**

日焼けの跡を露出したり、派手な水着を着用したりするのは控えましょう。サメの目は、色のコントラストを特によく捉えることができるためです。

● **サメが姿を見せるように泳いでいるときは、捕食目的ではなく好奇心で近づいてきた可能性が高い。**

やがて離れていくでしょう。万が一、海中で襲いくるサメに気づけるほどの幸運に恵まれた場合は、抵抗して身を守ることが可能です。襲ってくるサメが大きすぎなければ、ですけど。

- **スキューバダイビングをする際は、海面に横たわるように浮かばないこと。**

  海中のサメからは、人間ではなく捕食の対象となる動物のように見えてしまううえに、浮かんでいる人間からは、迫りくるサメを目視することはできません。

- **頻繁に海に入るすべての人にとってサメの脅威は付きもの。とはいえ、油断せずに注意を怠らないこと。**

  年間の発生件数としては、サメよりも蜂やヘビに襲われて命を落とすほうが多いです。アメリカ国内では、1年の間に雷に打たれて命を落とす確率は、サメに襲われる確率より30倍も高いと言われています。

サメの攻撃は3種類

ヒット・アンド・ラン攻撃　最も多く見られるタイプの攻撃で、通常はスイマーやサーファーが標的となるサーフゾーンで見られます。餌食となった人間がサメの姿を確認できることは、滅多にありません。一撃のみ、噛みついたり切り傷を負わせたりはしますが、その後、サメは泳ぎ去って戻ってくることはありません。

突進からの噛みつき攻撃　ぐるりと円を描くように泳いでから、実際の攻撃に出る前に数度の突進を繰り返します。通常、ダイバーやスイマーが海中深くまで潜っているときに見られる攻撃ですが、海岸に近い浅瀬で確認されている地域もあります。

こっそり忍び寄り攻撃　何の警告もなく、突然襲われるタイプの攻撃です。何度も攻撃されるのが、「突進からの噛

みつき攻撃」と、「こっそり忍び寄り攻撃」の特徴で、体のあちこちを繰り返し噛まれます。この攻撃による怪我は深刻な場合が多く、高頻度で死を招く結果となります。

[プロの助言]

▶ サメによる被害の多くが浅瀬で発生しており、特に砂州の沿岸部や砂州の間で襲われる場合が多いです。サメの餌場でもあり、干潮時にはサメが取り残されてしまうのが原因だと考えられます。

▶ 海底が急斜面になっている場所も襲われやすいでしょう。こうした場所には餌となる魚が集まりやすいため、多くのサメが寄ってくるのです。

▶ 最も襲われやすいのは、サーファーと、もりなどを使って魚を狩るスピアフィッシングを行う人たちです。サーファーは水が深いところでも波を乗りこえようと危険を冒します。ポイントブレイクと呼ばれるサーファーが好む場所は、海底が急に深くなっています。スピアフィッシングを行う人たちが魚を追うエリアでは、同じようにサメも狩りを行っているのです。

▶ 体長1.8メートルを超えるサメは、どんな種類であろうと人間にとっては脅威となりえます。中でも人間を襲った件数が特に多いのは、ホホジロザメ、イタチザメ、メジロザメ属の3種類です。世界中に生息する種類で、体が大きく、大型の海洋哺乳類やウミガメ、そして魚類を餌としています。

もしもクマに遭遇したら

攻撃されないためには

1. **体を伸ばして立つ。**

   背筋を思いきり伸ばして立ちましょう。身をかがめる、挑発するなどの行為は絶対にしないでください。クマから目を離さないこと。

2. **自分が脅威ではないことを示す。**

   やわらかい声で、そっと話しかけてください。クマは本能的に、人間が襲いかかってくると思いこんでいるかもしれません。クマには、相手の意図をはかる能力があります。クマに対して「自分は脅威ではない」と伝えるのは、とても大事なことなのです。

クマが突進してきたら

その突進は"ハッタリ"かもしれません。突進してくるように見せかけて、途中で止まって引き返す可能性があります。こうした"ハッタリ"は、クマがよく見せる行動であり、その意味と目的は状況によって異なります。

クマが突進してきたら、身を守るために構えてください。ただし、実際に攻撃されるまでは襲いかかってくると決めつけないこと。

1. **目か鼻先を狙って反撃する。**

   実際に襲われたら、どんな手を使ってもいいので反撃しましょう。目か鼻先を狙うのが効果的です。

クマを見かけたときの対処法

▶ 大きな声で話したり、手を叩いたり、歌ったり、もしくは叫び声を出したりして、自分の存在をアピールしてください（クマの生息地では鈴を身につけるハイカーもいます）。クマに聞こえるように音を出し続け、驚かせないようにしましょう。

▶ 子供とは、目と手が届く距離を保ちましょう。

▶ クマに対して、確実に安全な最短距離など存在しません。遠ければ遠いほど安全なのです。

▶ 車に乗っている場合は、車内から絶対に出ないでください。一瞬、写真を撮るだけ……なんて、絶対に思わないこと。窓も閉めておくこと。道を渡ろうとするクマの邪魔をしないこと。

攻撃されないためには

▶ 体、キャンプ場、衣類、車に食べ物の匂いを残さない。

▶ 調理したままの服で眠らない。

▶ クマが匂いを嗅ぎつけたり漁ったりできないように、食料はきちんと保管しておく。

- ▶ たとえチョコバー1本でも、テントの中に食料を置かない。

- ▶ 残飯や生ゴミは適切に管理して、必ず持ち帰る。

- ▶ ペットの餌も、人間の食料と同等に気をつけて扱い、保管する。

- ▶ どんな種類のクマも危険で避けるべき相手ですが、中でも以下の3種類はとりわけ危険なので注意が必要です。

  - ■ 子グマを守ろうとしている母グマ

  - ■ 人間の食べ物に慣れてしまったクマ

  - ■ 仕留めたばかりの獲物を独り占めしようとしているクマ

［プロの助言］

- ▶ クマから逃げる際、木には登らないでください。クマは木登りが得意なため、簡単に追いつかれてしまいます。クロクマはグリズリーに比べると、より木登りが得意なので注意しましょう。

- ▶ クマは馬と同等の速度で走ることができます。上り坂だろうが下り坂だろうが関係ありません。

- ▶ 非常に優れた嗅覚と聴覚の持ち主です。

- ▶ クマは恐ろしく強い生き物です。餌を探すためなら車だってバラバラにしてしまうのですから。

- ▶ どのクマも"自分だけの空間"を守ろうとします。この範囲は、クマの個体や状況によって異なります。ほんの1.8メートルほどの場合もあれば、300メートル以上にも及ぶこともあるでしょう。自分だけの空間に侵入してくる対象はクマにとっては脅威となり、攻撃を仕掛けてくることもあります。

- ▶ 餌を確保しようとしているときのクマは非常に攻撃的です。

どんなクマも危険ですが、特に危険なのが以下の状況です。

人間の食べ物に慣れて
しまったクマ

子グマを守ろうとしている
母グマ

仕留めたばかりの獲物を独り
占めしようとしているクマ

- ▶ 母グマは子グマを守ろうとするものです。母グマを近距離で驚かせてしまったり、子グマから引き離してしまったりすると、襲いかかってくる可能性があります。

- ▶ 子グマに危険が及びそうになると母グマが攻撃的になるのは、グリズリーの防衛本能です。

- ▶ クロクマは子グマを木に登らせてから、自分は木の根元で襲撃者と対峙します。

- ▶ 動物の死骸に近づかないこと。餌を守ろうとして、クマが襲ってくる場合があります。

- ▶ 犬を連れてのハイキングはおすすめしません。クマは犬に刺激されて、襲いかかってくるかもしれません。リードをつけていない犬の場合は、クマを連れて戻ってくる可能性すらあります。

もしもピューマに遭遇したら

1. 動かない。

遠くのピューマ（別名：クーガー）を発見した場合は、相手に見つかる前にじっと動きを止めましょう。走って逃げ出すのは、注意を引きつけてしまうだけです。

2. ピューマの行動を観察する。

ピューマは息を潜めて奇襲をかけるハンターです。通常4〜9メートルほどの近距離から獲物を狙います。ピューマが前方にいてほかの何かに意識を集中させている場合には、注意を引くようなことは絶対にしないこと。

3. 自分を大きく見せる。

ピューマに見つかってしまったら、上着を広げるなどして自分を大きく見せましょう。ピューマが大型の動物を襲うことは、滅多にありません。

4. 身をかがめない

無防備ではないということを示すため、その場から1歩も動かずに、手を振って、大声を出すこと。自分を大きく見せるため、杖などの頑丈な棒状のものをすぐに使えるようにつかんでおきます。

ピューマを見つけても
慌てて逃げ出さない。
身をかがめない。
上着を広げるなどして、
自分を大きく見せること。

5. 小さな子供と一緒の場合は、抱きかかえる。

動きがすばやく、声の高い子供は、大人よりも狙われる危険性が高いです。

6. ゆっくり後退するか、ピューマが立ち去るまで待つ。

ピューマを目撃したことを、すぐさま警察などに知らせてください。

7. ピューマが攻撃的な行動を見せたら、石を投げつける。

獲物ではないということを明確に知らせ、ピューマにとって脅威となりえる存在なのだとアピールしましょう。

8. 襲われたら反撃する。

ピューマは基本的に体が小さいため、平均的な身長の人間であれば、がむしゃらに反撃すれば撃退することが可能です。狙うのは顔、特に目と口の周辺を殴りつけましょう。杖や拳など、そのとき利用できるものを何でも使ってください。身を丸めて、死んだふりだけはしないこと。ピューマには、高い位置から獲物に飛びかかって首の後ろに"必殺の一噛み"を食らわせる習性があります。この一撃で首の骨を折り、獲物を仕留めるのです。さらに骨が砕けるほどの力で喉に噛みついて獲物を引きずり回します。何が何でも、首と喉を死守してください。

攻撃されないためには

ピューマは、怒らせるようなことをしなくても人間に襲いかかってくることが判明しています。攻撃的な個体であれば、ハイカー、特に小さな子供を狙って襲いかかり大怪我をさせた記録も残っています。とはいえ、ほとんどのピューマは人間を避けるものです。ピューマが生息する地域での単独行動、そしてピューマがより活動的になる夜明け前や夕暮れ時を避けるなどすれば、遭遇率をグッと下げられます。

[プロの助言]

▶ ピューマから走って逃げきることは不可能ですが、獲物を追いかけるネコ科の肉食動物は通常、でこぼこの地面でつまずきやすい動物や、すばやく逃げられない動物に狙いを定める傾向があります。積雪や岩場などの不安定な足場ではなく、平らな地形でピューマに出くわした場合は、すばやく動いて弱い獲物ではないとアピールしましょう。攻撃を回避するための有効な手段となるかもしれません。ただし、この方法は背後から忍び寄ってくる"ステルス攻撃"には通用しません。

▶ ピューマはステルス攻撃を得意とするハンターですから、獲物に気づかれずに忍び寄る達人です。ハイキングの最中はこまめに背後を振り返り、あとをつけられていないことを確認しましょう。

▶ ピューマは木に登ることができ、幹の上に逃げる小動物を追いかけていくこともあります。

もしもワニに襲われたら

1. しがみつく。

ワニに噛みつかれたら、揺さぶりや回転を阻止しなくては
なりません。ワニにとっては本能的な行動ですが、人間に
とっては組織の損傷を伴う大怪我の原因となります。陸地
にいる場合は（非常にやりにくいですが、水中でも同じこ
とを推奨します）噛みつかれていない部分を使って、抱き
つくようにワニにしがみつきます。こうすることで、ワニ
は揺さぶったり回転したりするのが困難になります（泳い
だり、獲物を遠くへ運んだりするのも困難になります）。
作戦がうまくいけば、想像よりも大きな獲物だったと考え、
諦めてくれるかもしれません。

2. ジタバタする。

「思っていたよりも気性の荒い獲物だ」と思わせることが
できれば、ワニは捕食を断念するでしょう。ジタバタ暴れ
て無抵抗な獲物ではないとアピールするのです。

3. 鼻先を殴る。

ワニが手足などに噛みついている場合は、鼻先を殴りましょ
う。個体にもよりますが、口を開けて噛みついていたもの
から離れて後退する場合もあります。

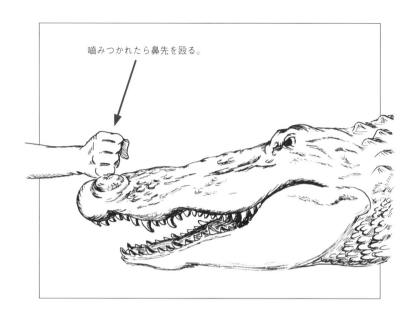

嚙みつかれたら鼻先を殴る。

4. 目と鼻を狙う。

鼻先を殴ってもワニが口を開けない場合は、武器になりそうなものをすべて使ってください。もしくは拳で勝負です。ワニは大型で強い動物にも打ち勝てるよう適応した生き物であり、体は甲冑（かっちゅう）のようなうろこに覆われています。攻撃が効くのは、やわらかい目と鼻のみです。

5. 戦い続ける。

ワニは攻撃から守るために、目を頭部に沈めます。それでも構わずに目の周辺を強い力で殴り続けてください。

6. 直ちに医療手当を受ける。

小さな切り傷や痣（あざ）でも、感染症を防ぐために直ちに医療機関で医師の治療を受けましょう。ワニの口腔内には、おび

ただしい数の病原菌が存在しています。

攻撃されないためには

アメリカ国内では、ワニによる死亡者数は決して多くありません。しかしアフリカ諸国では、ナイルワニによる被害が数えきれないほど発生しており、何百人もの死者が出ているのです。また、アジア諸国やオーストラリアでもイリエワニによる被害が発生しています。これから大切なことを記しますので、覚えておきましょう。

▶ ワニの生息地に侵入したり、そこで泳いだりしないこと（アメリカのフロリダ州では、全地域が対象です。真水はもちろん、塩分を含んだ水域にもワニは生息しています）。ゴルフコースの人工池や、郊外分譲地にある貯水池なども同様です。

▶ 単独での遊泳を避け、必ず水に入る前に危険がないことを確かめること。

▶ ワニが生息する地域では、真水の近くで犬の散歩をしないでください。犬はワニのことなど知るよしもないでしょうし、猫のように警戒心も強くないためです。

▶ しつこくちょっかいを出さない。触ろうとしない。捕まえようとしない。

▶ ボートから手足をぶらぶらさせないこと。使わなかった餌や魚をボートやドックから放るのもやめましょう。夜間や夜明けの時間帯はワニが食事をとる時間と重なるので、特に気をつけること。

▶ ワニの子供や卵を見つけても、そっとしておきましょう。子供が助けを求める声を無視する大人のワニなどいませんからね。

▶ 巣や子供を守ろうとするとき、母ワニは非常に獰猛（どうもう）になります。

▶ 絶対に餌を与えないでください。人間を襲ったワニの多くに餌付けされた経験があり、重大な関連性があるとわかっています。餌をもらうことでワニは人間を恐れなくなり、攻撃性が増してしまうのです。ワニへの餌付けは、フロリダやほかの一部の州では違法となっています。

もしも殺人蜂に
襲われたら

1. 逃げる。

蜂が群がってきた場合、もしくは既に刺されてしまった場合はじっとしていてはだめです。逃げてください。

2. 弱い部分を防御する。

重要な器官である目と鼻をシャツで覆いましょう。だからと言って、逃げ道が見えなくなるほど覆わないでください。周囲に小さな子供がいる場合は、抱き上げて逃げましょう。

3. 叩き潰さない。

蜂は動くものに反応します。蜂は殺されたり潰されたりすると匂いを発するため、より多くの蜂を呼び集めることになってしまいます。手でピシャリと叩こうものなら、余計に攻撃的にさせてしまうだけです。

4. 一目散に建物の中へ入る。

蜂は家の中まで追いかけてきますが、強力な明かりや窓などで混乱させれば追いかけ続けるのが難しくなるはずです。家に入ったら、蜂がいなくなるまで厚めのブランケットやシーツにくるまっていましょう。

殺人蜂からは、とにかく逃げること。近くに逃げこめる建物がない場合は、
茂みや背の高い雑草の中を走り抜ける。

5. 逃げこめる建物がない場合は、茂みや背の高い雑草の中を走り抜ける。

刺されにくくなりますし、蜂も追跡するのが困難になります。

6. 刺されたあとも毒針は皮膚に残っている。

爪を滑らせ、皮膚に残った毒針を取り除きましょう。つまんだり、引き抜いたりしないように気をつけてください。体内に蜂毒を余計に送りこんでしまう危険性があります。毒針が皮膚に刺さったままにしてはいけません。針に残った蜂毒は、10分間もの間、体内に毒を送り続けます。切れ味の悪いナイフやクレジットカードを滑らせるのも、毒針を取り除くのに有効な手段です。

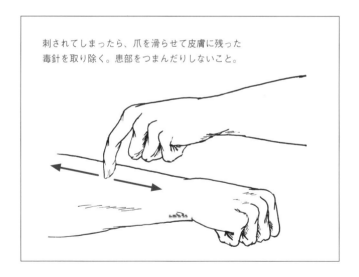

刺されてしまったら、爪を滑らせて皮膚に残った
毒針を取り除く。患部をつまんだりしないこと。

7. **プールなどの水場に飛びこまない。**

浮き上がってくるのを、蜂は待ち構えています。

襲撃の危険

▶ アフリカ化ミツバチという種類の蜂は、よくいるミツバチと同種の蜂です。アフリカ化ミツバチに刺されて死亡する事故が相次いで報道され、"殺人蜂"の異名で呼ばれるようになりました。気性が荒い蜂として知られており、動物や人間に対してすぐに怒りを向けて凶暴化するのです。

▶ 春と秋には、蜂が群れで行動します。コロニー全体で新たな巣を求めて移動を始める時期だからです。巣を作るのに適切な場所が見つかるまで、大群で飛びまわることもあります。コロニーを形成して幼虫を育て始めると、敵だと判断するものを刺して巣を守るのです。

▶ どんな蜂でも巣を守ろうとするものですが、アフリカ化ミツバチは特に戦意がみなぎっていると言えるでしょう。ただでさえ命をも脅かす種でありながら、蜂毒にアレルギー反応を起こさない人にとっても危険なのです。過去に一度も蜂に刺された経験のない動物や人間が命を落とす例が、実際に報告されています。よくいるミツバチが追いかけてくるのは45メートルほどですが、アフリカ化ミツバチはその3倍の距離を追いかけてきます。

▶ 人間が蜂に刺されて命を落とすのは、ほとんどがすばやく逃げられなかったのが原因です。動物の場合も同様です。ペットや家畜は紐でつながれているときや、外に出されているときに蜂と遭遇してしまい、逃げることができずに襲われてしまうのです。

攻撃されないためには

▶ 巣を作られるのを防ぐために外壁の穴やひび割れは埋め、木の空洞も埋めておきましょう。地中に設置された配水管や水道メーターには、上から布などを被せておくこと。

▶ 蜂のコロニーを刺激しない。自宅の近辺で巣を作り始めている、または既にできあがっているのに気づいた場合は、何かしらの危険や問題が差し迫っていない限り、手を出さないこと。対応してくれる害虫駆除業者を探して連絡しましょう。ミツバチの巣であれば、地元の養蜂場に連絡したら対応してくれるかもしれません。日本では駆除を引き受けてくれる自治体もあるようなので、相談してみてもいいでしょう。

[プロの助言]
▶ 蜂毒にアレルギーがない人であれば、体重1キロに対して10回までなら刺されても命は助かるでしょう。とはいえ、ひどい苦痛を味わうことになります。

もしも牛が
突進してきたら

1. 牛を挑発せずに、じっとしていること。

怒らせない限り、牛は人間に攻撃を仕掛けません。

2. 突進し続けてくる場合は、安全な避難場所を探す。

逃げこめる建物がある場合、飛び乗れる柵がある場合、もしくは安全な避難場所がある場合以外は、走っても無意味です。牛は、簡単に人間に追いついてしまいます。安全な場所へ逃げられそうな場合にのみ、全速力で走ってください。

3. シャツや帽子など、衣服を脱ぐ。

安全な避難場所が見つからない場合は、衣服を1つ脱いで牛の気を逸らすために使用します。何色であろうと関係ありません。闘牛士は伝統的に赤い布を使用しますが、牛が本能的に赤色に突進するということではありません。色ではなく、動きで牛を引きつけているのです。

4. シャツや帽子などを遠くへ放る。

牛は、投げた衣服を目指して走り去るはずです。

安全な避難場所が見つからない場合は、
脱いだ衣服を遠くへ放り投げて牛の意識を逸らす。

大暴走する牛に出くわした場合

大暴走している牛に遭遇した場合は、気を引くような行動
は全力で避けてください。牛が進もうとしている方向を見
定め、速やかに道を譲りましょう。ほかに逃げ道がない場
合、助かるためにできることは 1 つだけです。牛と並んで
走り、踏み潰されないように注意することです。牛は馬と
違い、人間が転んでも避けてはくれません。走り続けましょ
う。

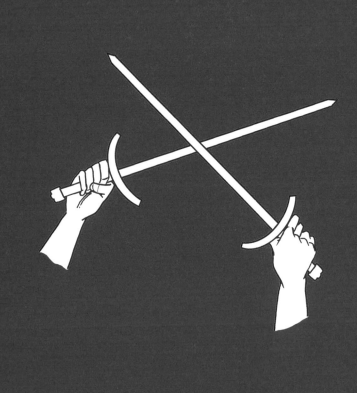

最高のディフェンス

もしも剣で戦わなきゃならなくなったら

幅広の剣や先のとがった長い刃物を持った相手と戦う場合、第一に行うべきは相手の武器を制御することです。自分に対して振り下ろされている、または突かれている場合は、自分の剣で攻撃を受け流してかわしましょう。逆に、自分の体から剣が離れていくときは、攻撃開始のチャンスです。勝敗を決めるのは、受け流し、防御、足さばきなどの守りの姿勢ではなく、攻撃なのだと覚えておいてください。刃の中程で身を守り、先端もしくは先端から25センチほどの部分で攻撃します。

攻撃の受け流し方と一撃の繰り出し方

1. **右利きの場合は、剣を低く構えて左側に寄せる。**

   右方向に動きながら、相手の攻撃を右側に受け流しましょう。相手の刃の中程を、自分の刃の中程で受け止めるようにします。攻撃を受け流す際は、刃の先端ではなく中程を使うようにすること。攻撃を受け流して、自分の体から相手の剣を遠ざけます。攻撃を剣で受け止めたり、制止しようとしたりするのはやめましょう。

2. 相手が頭部をめがけて攻撃してきた場合は、自分の剣
   を横にして、やや傾けて頭上へ持ち上げること。

3. どれだけ大変でも、防御中も相手との距離を詰めて
   おく。

   長くかき切るのではなく、小刻みですばやい剣さばきをし
   てしまうと、バランスを崩して痛烈な一撃を食らってしま
   う恐れがあるので注意しましょう。

攻撃の仕方

1. **剣を上下左右に、すばやく動かす。**

   相手を打ち破るために、小さな攻撃をすばやく何度も繰り
   出して外傷だらけにしてやりましょう。

2. **常に体の前で剣を構えておく。**

   大きく振りかぶって攻撃してやろうと、剣を頭上まで振り
   上げないこと。腹部を刺されて終了です。

3. **攻撃を仕掛けられた瞬間に踏みこむ。もしくは横へ
   受け流す。**

   相手が素人ならば、これでバランスを崩す可能性が高いで
   す。相手がバランスを崩した隙を突いて、剣の先端で攻撃
   を仕掛けます。深い刺し傷が致命傷となり、戦いが長引か
   ずに済むかもしれません。

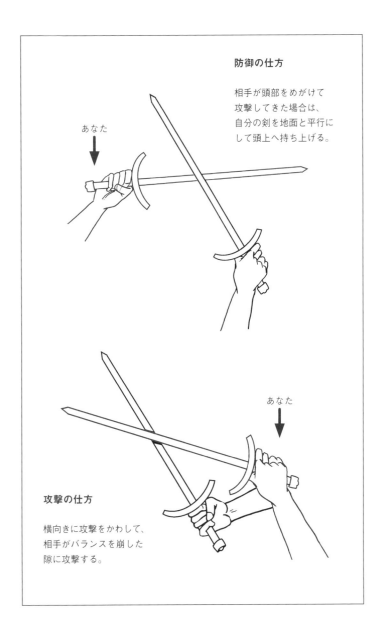

防御の仕方

相手が頭部をめがけて
攻撃してきた場合は、
自分の剣を地面と平行に
して頭上へ持ち上げる。

あなた

あなた

攻撃の仕方

横向きに攻撃をかわして、
相手がバランスを崩した
隙に攻撃する。

複数人を相手に戦わなくては
ならない場合

1. **右利きの場合は、右側に動いて右端にいる敵から攻撃する。**

   右端の人物の動きを操り、ほかの敵との間にくるように誘導する。

2. **動き回って攻撃し続けること。敵が背後に回りこまないように注意する。**

   壁があれば、常に背中を壁に向けておきましょう。

3. **力いっぱい切りつける。**

   多勢を相手にするときは、敵を突くのではなくて切りつけましょう。突きでは、相手の衣服に剣が引っかかってしまう恐れがあるためです。そうなると、別の敵に対応しきれなくなってしまいます。

もしもパンチが
飛んできたら

ボディブロー

1. **腹筋に力を入れる。**

   腹部（みぞおち）へのボディブローは臓器の損傷を引き起こし、命を落とす危険もあります。誰かをノックダウンしたいときには最適で最も簡単な手段でしょう（有名な奇術

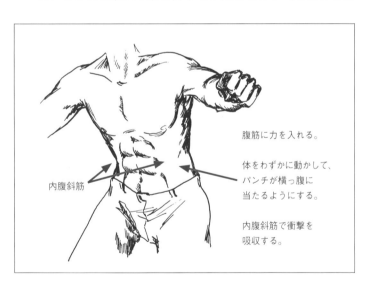

腹筋に力を入れる。

体をわずかに動かして、
パンチが横っ腹に
当たるようにする。

内腹斜筋で衝撃を
吸収する。

内腹斜筋

師ハリー・フーディーニも、腹部への予期せぬ殴打が原因で死亡したという説もあります）。

2. **たじろいだり、パンチから逃げようとしたりしない。**

3. **体を動かしてパンチを横っ腹に当てて衝撃を和らげる。**
   内腹斜筋でパンチの衝撃を吸収しましょう。内腹斜筋とは、肋骨を囲むように側腹部についている筋肉です。肋骨が折れることはありますが、内臓器官が損傷する可能性は低くなります。

4. **腕で衝撃を吸収する。**
   防御の構えをとる余裕があれば、腕で腹部を守って衝撃を和らげましょう。

頭部への一撃

1. **逃げるのではなく、拳に向かっていく。**
   後退しながら頭部へのパンチを受けてしまうと、打撃の衝撃をフルで吸収してしまいます。顔面でパンチを食らうと、むち打ち状態になることで脳が頭蓋骨の中で揺れて重度の損傷を負うか、命を落とす危険もあります。

2. **首に力を入れて、顎を首へ引き寄せる。**
   こうすることで、（体、頭、首を）"一体化"させることができます。

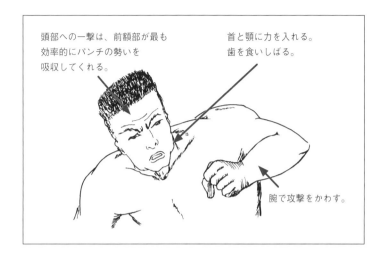

頭部への一撃は、前額部が最も効率的にパンチの勢いを吸収してくれる。

首と顎に力を入れる。歯を食いしばる。

腕で攻撃をかわす。

3. 歯を食いしばる。

上下の歯がこすれてしまうのを軽減します。

ストレート・パンチ

1. 拳に向かっていく。

ストレート・パンチ、つまり顔面をめがけてまっすぐ繰り出されるパンチは、拳に向かっていくことで勢いを相殺できます。打撃の勢いを奪うことができるのです。

2. パンチは前額部で受け止める。

前額部はパンチの勢いを最も効率よく吸収できるので、最低限の負傷で済むかもしれません。鼻で受け止めるのだけは絶対に避けましょう。とんでもなく痛いです。

3. なるべく腕で攻撃をかわす。

   拳に向かっていくことで、相手が大きく左右に的を外す可能性があります。

4. アッパーカットか大振りのパンチで反撃に出る（オプション）。

大振りのパンチ

1. 歯を食いしばり、顎を引く。

   耳元への打撃は激しい痛みの原因となるうえに、顎の骨が折れる危険もあります。

2. 相手との距離を詰める。

   後ろの壁にパンチを当てさせるか、拳が横を通りすぎるように動きましょう。もしくは、拳の下にかがみこむという方法もあります。

3. アッパーカットで反撃する（オプション）。

アッパーカット

1. 首に力を入れて、歯を食いしばる。

   アッパーカットは非常に攻撃力の強い打撃です。肘を曲げて、下から突き上げるように顎を狙うため、パンチの衝撃で頭が激しく揺さぶられ、顎や鼻の骨が折れる可能性が高いでしょう。

2. 腕を使って衝撃を吸収するか、攻撃をかわす。

とにかく、顎に食らうパンチの衝撃を最小限に抑えることです。

3. アッパーカットの場合は、拳に向かっていかない。

可能であれば、頭を横に逸らして攻撃をかわしてください。

もしも海賊に襲われたら

準備を整える

1. **なわばりを示すピケラインに注意する。**

   小型の漁船が間隔を空けずに浮かんでいる場合、それこそがピケラインである可能性があります。監視役と情報提供者が、縄張りに接近する船を海賊に報告するのです。

2. **水平線に目をこらす。**

   海賊は襲撃の前に、少なくとも数日間は相手を尾行する傾向にあります。一般的な船から水平線までの距離は約30キロです。どんな船舶であろうと、この距離では近すぎて安全な運航の妨げとなります。水平線に船が見えたら、尾行されている可能性があるということです。

3. **国土までの距離を計測する。**

   おやさしい海軍は、敵国まで救助にはきてくれません。少なくとも領土から数百キロ以内の海域に留まっていましょう。これで敵国との地上戦を避けることができます。

4. **機関に報告する。**

   襲撃が目前に迫っていると感じる場合には、衛星電話を使用してアフリカの海上安全センター（MSCHOA）に連絡すること。自身の居場所と海賊船の位置を知らせましょう。6時間おきに電話をして現状を伝えます。小型船が救助のために現在地へ向かいますが、戦闘ヘリコプターが出動できる範囲である約500キロ圏内であることが条件となります。

5. **眠らない。**

   海賊は夜明けに襲撃してくることが多いです。なぜなら、夜明け以外の時間帯は酔っ払っているからです。

反撃する

1. **海賊の戦法を把握する。**

   ほとんどの海賊が、漁船（母艦）で2艘の高速ボートをけん引しています。小型で、より操縦しやすい攻撃用ボートというわけです。襲撃時にはこのボートに乗り、高速でまっすぐ向かってきます。

2. **スピードを上げて、ジグザグに進む。**

   大型船では、海賊から逃げきることは不可能です。鋭い方向転換を繰り返すことで、船首波を発生させてください。船首波は3〜9メートルの高さになり、うまくいけば海賊のボートを転覆させることができるかもしれません。

3. **船に乗りこまれないようにする。**

   船にはしごなどがあれば撤去してください。早急に引き上げることが困難な場合は、切り離して海に捨てること。

4. 対抗策を練る。

船についている消火用のホースで海賊船に向けて放水します。ホースの先が上に向かないように注意してください。海賊は自動小銃で撃ってきますので、そのつもりでいてください。海賊のボートに水を溜めて転覆させるか、海賊をボートからはじき飛ばしましょう。

5. 海賊船に照明弾を撃ちこむ。

照明弾は約1000度もの高温になるため、アルミニウム製、またはガラスファイバーでコーティングされたボートであれば1分もかからずに溶けて穴が開き、沈没は免れません。

6. ガラスの破片を使う。

空き瓶を割り、その破片を甲板にばらまきましょう。海賊の多くは裸足か、底の薄いサンダルを履いています。

7. 火炎瓶を作る。

自身の船の大きさと高さを利用しましょう。空き瓶に燃料を入れ、飲み口にボロきれを詰めます。ボロきれに火を点けたら、追いかけてくる海賊に投げつけてやりましょう。必要なだけ、何度だって投げつけます。非常に有効な戦略です。

8. 船の高所にあり、指揮をとるための船橋を死守する。

救助ヘリから海賊を狙う狙撃手は、船の甲板にいる海賊も狙い撃ちします。しかし、船橋に入られてしまうと狙撃できなくなってしまうのです。すべてのドアを閉めて施錠すること。

9. パスポートを粉々にする（ただしフランス人は例外とする）。

パスポートで身元を確認し、家族に身代金を要求するのが海賊です。アメリカ人、イギリス人、そのほか裕福な西欧諸国の国民は、海賊にとって絶好の標的です。しかし、フランス人であれば話は別。海賊がフランス人を拉致することは滅多にありません。フランス政府は海賊との交渉を断固拒否しており、近年ではフランス軍の反撃によって多くの海賊が命を落としているためです。フランス語が堪能であれば、フランス人の振りをしましょう。

［プロの助言］

▶ 海賊に捕まってしまうと、身代金を要求するための人質にされます（船や積み荷も交渉材料として奪われます）。通常は船上で人質になりますが、レアなケースとしては陸地へ移動させられる場合もあります。

▶ 海賊は人質の身元を確認すると、その情報を陸にいる仲間へ伝えます。仲間はウェブ（主にソーシャルメディア）を活用して家族や船主へ身代金支払いの要求をします。船や積み荷の価値によって、5万〜数百万ドル（1ドル140円の場合、日本円にして約700万〜数億円）の身代金が要求されるでしょう。拒否すれば暴力を振るわれます。

▶ 身代金の支払いは、指示されたGPSの座標に飛行機などから投下されることが多いです。人質が生きていることを証明するため、このときに甲板へ移動させられる場合もあるでしょう。身代金が海賊へ渡れば、無事に解放されます。

▶ カリブ海での海賊行為は増加しています。近年では人質をとるより、アメリカの船舶を乗っとって禁制品の輸送に使用する例が多いようです。乗っとられた船の船長は孤島に置き去りにされるか、最悪の場合は殺されることもあります。

▶ 血気盛んな海賊に小型船が抵抗することは、現実的に不可能です。

もしも人質になって
しまったら

テロリストは人質を人間ではなく、ただの"もの"として
扱うことで力と支配権を行使するのです。テロリストにとっ
て、"もの"と化した人質を乱暴に扱うなど造作もありま
せん。下記の助言に従い、乱暴な扱いや最悪の結果を避け
ましょう。

1. 平静を保つこと。

周囲の人々も平静でいられるように、手助けをしてあげま
しょう。覚えておいてください。人質をとっている犯人は
極度の緊張状態に陥り、さらに怯えているのです。これ以
上、刺激してはいけません。犯人から話しかけられたとき
以外は声をかけないこと。

2. テロリストが発砲したら、頭を下げて床に伏せる。

床に腹をつけて体を伸ばします。可能であれば壁の後ろに
隠れてください。しかし、あまり遠くまで移動しないこと。
逃亡、または反撃を企んでいると犯人に勘違いされてしま
います。調度品では銃弾から身を守るには不十分です。相
手が大口径の銃を持っていたら、なおさら無意味です。

3. 急な動作、不審な行動は慎む。

財布、パスポート、チケットなどの持ち物を隠そうとして
コソコソしないこと。

4. 要求に従う。

ためらいを見せると、その場で殺されてしまうかもしれま
せん。そうでなくても、あとで報復されたり、見せしめに
選ばれたりする危険もあります。警戒を怠らないこと、そ
して逃亡の計画を立てたり、英雄になろうとしたりしない
こと。「手を頭の後ろで組め」、「頭を下げていろ」、または
「別の体勢をとれ」などと言われたら、おとなしく従いましょ
う。しんどい体勢であったとしても、許可なく動いてはい
けません。気分を落ち着かせるために、自分に話しかける
といいでしょう。その体勢で長時間をすごさなくてはなら
ない可能性もあります。苦しい状況を乗りこえるため、精
神面と感情面を整えておくことです。

5. テロリストを直視しない。指示されない限り話しかけ
ないこと。

何かある場合は手を挙げて、礼儀正しく接しましょう。質
問に答えるときは丁寧さを心がけながらも、服従しないよ
うに気をつけてください。落ち着いた声で話すこと。

6. 挑発しない。

テロリストは見せしめの犠牲者を探しているものです。反
抗的な態度をとれば、見せしめに殺されてしまうこともあ
るでしょう。

7. **テロリストの性格や行動を慎重に観察する。**

頭の中で、彼らに呼び名をつけましょう。そうすることで、解放後に犯人を特定する助けになります。服装、アクセント、顔の特徴、背丈など、外見上の特徴を記憶しておくと、捜査の助けになるでしょう。

8. **ハイジャックに遭遇した場合は、最も近い避難口を確認しておく。**

出口まで座席が何列あるのかを数えておきましょう。緊急救助の際には煙で視界が遮られることもあります。一刻も早く、飛行機の外へ出られるようにしておかなくてはなりません。機内が煙で充満しても、機内の床や座席にはLEDの誘導灯が設置されています。ハイジャック犯による大虐殺が確実だという状況になるまでは、逃げようとしないこと。

9. **救援隊が機内へ入ってきたら、身をかがめてじっとしておく。**

銃撃戦が繰り広げられるかもしれません。急に動くとテロリストの注意を引いたり、救援隊に誤って狙撃されたりする危険があります。

10. **事件解決時に救援隊に自らの名前と、誰がテロリストなのかを伝える。**

テロリストの中には、人質を装って逃げようとする者もいます。

［プロの助言］

▶ テロリストに格好の餌食だと思われるのを避けるため、人の多い場所でパスポートを取り出さないこと。

▶ 空港、駅、バス乗り場、高級ホテルのロビー、裕福な観光客が訪れる店などでは特に警戒しましょう。内戦やゲリラ活動の場合は、ほとんどが自国民を標的とするため観光客は比較的安全です。対してテロリストは、最も注目を集められる場所を標的に選ぶのです。

▶ 遊歩道、有名な歴史的建造物、パレードの通り道、屋外マーケット、コンサート会場など、多くの人が集まる場所はテロリストの標的になりやすいです。

もしもハイジャックに遭ったら

ハイジャックは3つの段階に区切ることができます。威迫^{いはく}の段階、監視の段階、そして解決の段階です（ざっくり言えば、初期、中期、後期です）。最も危険なのは、ハイジャック犯が力を誇示して飛行機を支配しようとする威迫の段階です。皆さんが目指すゴールは、"良い人質"になって、怪我をしたり殺されたりせずに、中期と後期をやりすごすことです。

1. ハイジャック犯の言葉をよく聞く。

ハイジャックの兆候に暴力行為が確認されなければ、それは不幸中の幸いでしょう。ハイジャック犯には何らかの要求や目的があり、ただ自殺願望があるというわけではないのですから。

2. おとなしく従う。

搭乗員がハイジャック犯に従って目的地を変更したのならば、挑発するようなことはせずにおとなしくしていましょう。話しかけられてもいないのに話し出す、口答えする、目をつけられるような行動をとる、などの行為は慎むこと。統制がとれていないとハイジャック犯が感じると"ロンドン症候群"と呼ばれる現象が発生します（ロンドン症候群：

人質が犯人の要求や命令に対して反抗的な態度をとり続けること）。せっかく落ち着いていた状態が威迫の段階へ戻ってしまい、ハイジャック犯は再び力を誇示する必要があると感じてしまうのです。極めて危険な状態であり、厄介事を引き起こす人物は暴力の標的にされてしまうかもしれません。

3. 注目を集めないようにする。

政府関係者だとか、軍人や警察官であるなどと名乗り出ないこと。

4. 可能であれば携帯電話を使う。

高度が低い場合や、Wi-Fi完備の飛行機であれば携帯電話を使用できる可能性があります。そのため、ハイジャック犯は機体を乗っとったらすぐに乗客の携帯電話を回収するはずです。安全に使用できる場合のみ、該当機関へ緊急メッセージを送ってください。携帯電話を隠そうとしても、ハイジャック犯は「携帯電話を持っていない」などという言い訳は信用してくれないでしょう。ウソをついたとして暴力を振るわれる危険もあります。高度の高い場所では携帯電話の電波は入らないので、携帯電話の使用はほぼ不可能です。

5. ハイジャックの動機を推測する。

ハイジャック犯の政治観や、最終的な目標、どんな幕引きをもくろんでいるのかを判断しましょう。この判断に基づき、自分の国籍が標的になりやすいと感じたら、パスポートを座席の間やシートの隙間、または日よけの裏などに隠しておくこと。

6. 与えられた自由は最大限に活用する。

雰囲気が少しでも落ち着いてきたら、機内を歩いて体を動かしましょう。トイレにも行っておくこと。食欲がなくても食事をとりましょう。いつ、また食事にありつけるかわかりませんよ。

7. すばやく座席を移動する。

ハイジャックが始まってしまえば、座席移動の要求が通るとは考えにくいです。反撃に出る必要があると感じるのであれば、通路側の座席が動きやすいでしょう。絶対に安全だと言いきれる場合にのみ、座席を移動してください。

8. 航空警察官が同乗していると思いこまないこと。

航空警察官は、必ず通路側の座席に座っています。しかし、同乗しているかどうかは完全に航空会社次第なのです。たとえばイスラエルの旅客機には、必ず航空警察官が同乗しています。中東とアジアの航空会社は、航空警察官を同乗させている場合が多いです。対してヨーロッパ諸国では航空警察官の人数が少ない傾向にあり、まったく同乗させない国もあるほどです。アメリカでは同乗している場合もありますが、あまり期待しないようにしましょう。

9. コックピットのドアに注目しておく。

9.11のテロ後、コックピットを要塞化して外からはドアを開けられないようにすることが規則で決められています。とはいえ、パイロットや副操縦士がトイレを使用するときや、客室乗務員が食事や飲み物を運び入れるときなどは、ドアを開ける必要があります。ハイジャック犯は、操縦室に入りこむためにドアが開く機会を待っているはずです。

10. ハイジャック犯とパイロットのやりとりに耳を澄ませる。

航空会社の訓練を受けているパイロットは、どれだけ脅されようともハイジャック発生時にコックピットのドアを開けることはありません。ただし、乗客や乗務員の安全を守ることになると判断すれば、ドアを開ける場合もあるでしょう。

11. ストックホルム症候群を避け、リマ症候群を目指す。

ハイジャックが長時間に及ぶと、早急に救助にきてくれない警察に人質が怒りを覚えるケースもあります。最終的に、人質はハイジャック犯に同情し始めてしまうのです。これが"ストックホルム症候群"と呼ばれる現象です。忘れないでください。ハイジャック犯は人質の敵です。救助に時間を要しているのも、何かしらの理由があってのことでしょう。その代わりと言っては何ですが、長時間のハイジャック中に、"リマ症候群"を目指してみませんか？ リマ症候群とは、ハイジャック犯が人質に感情移入してしまう現象を指します。ハイジャック犯に、人質のことを知ってもらうのです。家族構成、ペット、とにかく共感や理解を得られそうな情報を伝えましょう（これは、中期の"監視の段階"でのみ行うこと）。

12. 銃声に注意する。

アメリカでの話になりますが、一部のパイロットは連邦航空保安官プログラムに登録しており、銃器を持ち運ぶ許可が与えられているのです。操縦室を守るための最終手段として、銃器を使用する可能性も考えられます。アメリカ以外の国では、パイロット（もしくは副操縦士）が銃器を所持している可能性は極めて低いです。

13. 反撃の準備をする。

ほとんどのハイジャック犯に、自殺願望はありません。しかし、銃撃戦が目前に迫っている場合、または機体そのものを武器として使用するために墜落は免れない場合など、どう転んでも危険な状態に陥るのであれば、これ以上乗客が失うものなどありません。反撃に出てください。硬いものや重いもの（シートベルトのバックル、ジュースの缶、酸素呼吸器など）を使って間に合わせの武器を作りましょう。そして近くの人たちと連携して攻撃を仕掛けます。ハイジャック犯が少人数であれば、意表を突いて飛行機を取り返せるかもしれません。

14. 治安部隊の言うことを聞く。

SWATなどの武装部隊が乗りこんできたら、躊躇することなく、速やかに彼らの指示に従うこと。

[プロの助言]

▶ 航空警察官はフランジブル弾と呼ばれる銃弾を使用します。この銃弾は衝撃が加わると破裂するように設計されており、標的の体を貫通しないようにできています。そのため、機体にまで損傷が及ぶ危険性が低いのです。しかしハイジャック犯がフランジブル弾を使用するはずもなく、普通の銃弾が機体を貫通すれば機内の気圧が下がってしまいます。燃料経路や燃料タンクが被弾すれば大惨事につながります。たとえ小さな爆発であろうと、大爆発の原因となりかねない急激な減圧の原因になります。そうなれば、機体は吹き飛んでしまうでしょう。

▶ 航空警察官は、瞬時にハイジャック犯に立ち向かうとは限りません。絶好のチャンスを狙って、その時がくるのを待っているのです。

もしも爆発物の気配を感じたら

手紙や荷物に仕込まれた爆弾は非常に危険で、大きな被害をもたらす場合があります。しかし何の警告もなしに爆発する爆弾と違い、爆発前に見つけることができるのです。危険と隣り合わせの捜索隊は、次の言葉を頭に刻みこんでいるようです。「異常な部分を探せ、もしくは普通じゃないところを探すんだ」。

下記の手順を確認して、危険の前兆を覚えておきましょう。

荷物爆弾を見つける方法

1. **心当たりのない荷物や手紙は、しっかり調べる。**

   心当たりのない分厚い手紙や荷物を配達員が持ってきたら、凹凸や突起などやさしく探ってみましょう。バランスが不均等な荷物は、必ず点検を行うこと。

2. **不自然なラベルを見抜く。**

   送り主が企業にもかかわらず、住所やラベルが手書きだというのは不自然です。送り主の企業が実在することを確かめて、荷物や手紙を送ったかを問い合わせてみましょう。

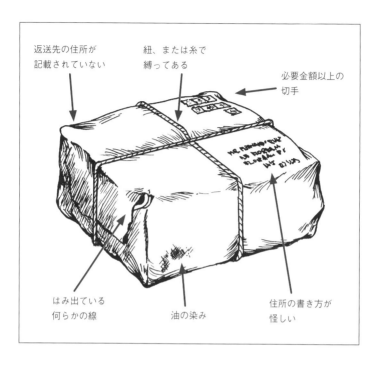

返送先の住所が記載されていない

紐、または糸で縛ってある

必要金額以上の切手

はみ出ている何らかの線

油の染み

住所の書き方が怪しい

3. 紐で縛ってある荷物は疑う。

現代の梱包に、紐や糸など必要ありません。

4. 必要な金額以上の切手が貼られていたら要注意。

小さな荷物や手紙に、過剰なまでに切手が貼られていたら用心してください。郵便局で計量されていない証拠です。500グラムを超える荷物に切手を貼って郵便ポストへ投函するのは、アメリカでは違法です。必ず郵便局から送らなくてはならないのです。日本では厚さが3センチ以内であれば1キロまで郵送で送れます。

5. **液漏れ、染み、飛び出している線、過剰な粘着テープには用心する。**

   特に油の染みに警戒しましょう。

6. **返送先が書かれていない、またはデタラメな返送先が書いてある場合も要注意。**

爆弾の探し方

政府機関は、明確に定義された調査方法に基づいて爆発物や爆破装置を捜索します。爆弾を仕掛けたという脅迫を受けた場合、下記の手順を2人組で行うといいでしょう。

1. **エリアと高さを決めて捜索する。**

   最初の捜索では、床の上から、家具の高さまでに置いてあるものを調べます。その次の捜索で、家具より上の位置にあるものを調べましょう。

2. **背中合わせになって、部屋中を動き回る。**

   互いに逆方向に顔を向けて、離れないようにする。

3. **壁の周りも調べる。**

   部屋の中心から円を描くように外側へ捜索範囲を広げていく。

4. **怪しい荷物や装置を見つけても触らない。**

   警察か爆弾処理班を呼ぶこと。

探知装置

爆弾を探知するための装置や手法は、1つではありません。X線機器はもちろん、たとえば金属探知機や、蒸気検出器でも探知できます。持ち運び可能で、個人でも購入できる価格帯のものも複数ありますので、下記に紹介します。

微粒子爆発物探知機

▶ トリニトロトルエンやニトログリセリンだけでなく、近年増えているプラスチック製の爆発物も検知できます。

▶ シクロトリメチレントリニトロアミン（プラスチック爆弾のC4、PE4、セムテックス、Demex、Detasheetに使われる）、ペンタエリス（一部の軍用火薬やセムテックスに使われる）、トリニトロトルエン、ニトログリセリンを検知します。

▶ IMS（イオン移動度分光分析）を用いて、爆発物に使用されているマイクロンサイズの粒子を検知します。1ナノグラムのサンプルで、十分な検知結果を得られます。

▶ まず検出用の布、または綿球で被験物質からサンプルを拭いとります。分析時間は約3秒です。表示画面には赤色の警告灯と液晶ディスプレイが搭載されており、検知結果を図形と相対的な数値で表します。ユーザーが設定した数値を超えると、警告音が鳴り響きます。

▶ 電源、または電池が必要です。

▶ だいたい38センチ×30センチ×12センチほどの大きさです。

ポータブル X 線装置

▶ デジタル画像処理機を使用して、内容物のデジタル画像を作成します。

▶ 電源か、充電式バッテリーが必要です。

▶ 使い方は簡単で、怪しい小包に X 線発生装置を向けてデジタル画像を表示させるだけです。

爆発物探知犬

▶ 特別な訓練を受けた犬は、優れた嗅覚であらゆる爆発物を探知できます。

▶ 空港ではセキュリティーチェックを待つ列の隣りを歩かせて、機内持ちこみ用荷物の匂いを嗅がせています。

［プロの助言］

▶ 爆発物の専門家は口をそろえて、こう言います。爆発物を見つけたとき、最も重要なのは回避することだ、と。爆発物から身を守るために頼るべきなのは、上記の装置ではありません。爆発物処理班です。

もしも抗議活動に参加しなきゃならなくなったら

落ち着いた抗議活動の場合

1. **その場に合った格好をする。**

   歩きやすい靴と、ゆったりとした服を選びましょう（場合によっては重ね着してください）。暑い日は帽子と日焼け止めを忘れずに、寒い日には手袋と温かい帽子を持参しましょう。黒ずくめの服装はさけること。反ファシズム派の抗議者だと誤解されて暴力を振るわれる恐れがあります。顔は覆い隠さないようにしましょう。

2. **水分補給を怠らない。**

   両手を自由に使えるように、リュックサックに水筒を入れておくこと。魔法瓶にコーヒーや紅茶、またはココアを入れておくといいでしょう。

3. **食事を怠らない。**

   キャンプ生活に適した食料を持参すること。エナジーバーやグラノーラ・バー、ドライフルーツとナッツ、常温保存のきく肉類などがいいでしょう。

4. つながりを保つ。

抗議活動に参加していること、いつ頃に戻る予定なのか、これらを必ず誰かに知らせておくこと。ソーシャルメディアでの生配信や定期的な投稿を行い、伝えたいメッセージを拡散させると同時に無事であることを知らせましょう（または、危険な状況であることを）。

5. 群衆の外側にいること。

デモ行進の際は、群衆や列の外側にいましょう。抗議活動が悪い方向へ向かったとき、すぐさま逃げられるようにするためです。その代わり、デモに抗議する団体に出くわした場合は、特に罵声を浴びたり脅迫されたりする立ち位置であることを覚えておいてください。

6. 子供には手の届く位置を歩かせる。

特に小さな子供は、自分の前を歩かせましょう。

7. 大声で何度も訴える。でも、叫ばない。

叫ぶと喉が痛くなるばかりか、最終的には声が出なくなってしまいます。1時間おきに15分間の休憩を挟んで声帯を休ませること。喉が乾燥していると感じたら、お湯にハチミツを溶かして飲むといいでしょう。痰が出る場合にはお湯にレモンを搾って飲みます。

［プロの助言］

▶ 携帯電話を充電できるように、モバイルバッテリーを持ち歩くこと。

激しい抗議活動の場合

1. 控えめな格好で参加する。

明るい色や個性的な服装は相手の目を引きつけ、ターゲットにされる可能性があります。

2. 靴を確認しておく。

途中で脱げてしまわないように、しっかり靴紐が結ばれていることを確認してください。靴を履いていないと、暴徒からすばやく逃げられません。

3. 群衆を見渡して、人のいない空間と出口になる場所を探す。

暴動に巻きこまれまいと必死に逃げ場を探す人のほとんどが、2秒先の未来に自分はどこに立っていたいかを考えて行動します。ですが、読者の皆さんは3～4秒先の未来を思い描いてください。逃げ道や出口方向の群衆に、割れ目や抜け穴を探してください。逃げ道や出口が暴徒のど真ん中にある場合は、突っこんでいかないこと。

4. 走らない。

差し迫った危険がない限り、歩いてください。走っているよりも目にとまりにくいです。人間の目は、走っている人物を瞬時に捉えるようにできています。また、走ることで周囲の興奮状態をあおったり、間違った期待を抱かせたりしかねません。追いかけてくる人や、逃げ道を求めてついてくる人が出る場合があります。

5. **胸郭を守る。**

   体の前で両腕を組み、群衆に圧迫されないように上半身を
   かばいます。大混雑している場での最も多い死因は、群衆
   に体が圧迫されて肺の膨らむ余裕がなくなることです。

6. **グループで逃げる。**

   建物の前、大通り、広場などの開けた場所を走って逃げる
   場合は、グループで行動するほうが安全です。仲間といる
   人間は、襲われにくいものなのです。

7. **暴力行為や暴動からは離れる。**

   暴力的な現場に近づきすぎると、巻きこまれる恐れがあり
   ます。

8. **徐々に狭くなっていく道は避ける。**

   狭い出口（ゲート、ドア、小道）に人が押し寄せることで、
   暴徒が踏みつけられて大勢の死傷者を出す結果になりま
   す。だからといって、群衆と逆方向に走るのも推奨できま
   せん。というより、そんなことは不可能でしょう。逃げる
   ためには、群衆が向かうのと同じ方向を目指してください。
   ただし、群衆の端を確保したまま出口まで走ること。

対立を暖和させる方法

1. **怒りに満ちた言葉は無視する。**

   そんな言葉に、何の意味もありません。素直に受け止めて
   しまえば、あなたが傷つくだけです。

2. **参加者の気持ちを正確に判断する。**

怒り、敵意、恐怖、誇り……ありとあらゆる感情が読みとれるはずです。

3. **それぞれの感情を表現するときは、"あなた"という主語を用いて話すこと。**

落ち着いた声で話します。「あなたは怒っている」「あなたはストレスを感じている」「あなたの尊厳が踏みにじられ、侮辱された」など。"私"という主語を使うのは避けましょう。状況を悪化させるだけです。決して質問はしないこと。

4. **相手の言葉や仕草を観察する。**

次のような反応を待ちましょう。

▶ 肯定するようにうなずいてみせる。

▶ 「その通りだ」などの肯定的な発言をする。

▶ 肩の力を抜く。

▶ ため息をつく。

これらは情動中枢が穏やかなときに見られる無意識の行動で、抗議活動参加者の気持ちが落ち着いた証拠です。今なら、実りある対話ができるでしょう。

［プロの助言］
▶ 人間の脳には、他者の気持ちを読みとる能力が生まれつき備わっています。さらに、自分の気持ちをくみとってほしいと切望しているのです。

催涙ガスが投げこまれたら

1. すばやく周囲を確認する。

催涙ガスが放出されると、ガスが雲のように周囲全体を覆い尽くします。催涙ガスが放出されそうな気配を察知した場合は、可能な限り周囲の光景を記憶しましょう。開けた大通りなど、近くの避難経路も確認しておくこと。車、街灯、群衆をブロックするためのバリアなど、障害物の位置も頭に叩きこんでください。催涙ガスによって一時的に目が見えなくなっても、安全に逃げられるようにするためです。

2. 平静を保つ。

催涙ガスによって一時的に視力を失う可能性はありますが、深刻な損傷を負うことや、永続的に後遺症が残ることはありません。それよりも、パニックに陥った群衆と衝突したり、障害物（もしくは警察）に激突したりするほうがよほど危険です。

3. 顔と気道をかばう。

直ちに目をつぶり、シャツ、布製の帽子、鞄、または両手を使って鼻と目を覆ってください（抗議活動に参加するなら、ハンカチやスカーフを身につけておくといいでしょう）。

4. 逃げる。

催涙ガスの影響を受けていない逃げ道や、開けた場所を探してください。催涙ガスは風に乗って流されるので、風下に移動しないこと。風上か横向きに逃げてください。可能なら高所へ移動しましょう。催涙ガスは、放出から数時間は空気中に漂い、場合によっては数日間も残ることがあります。

5. 目は閉じたままにしておく。

目を開けたくなるでしょうが、洗い流すためのきれいな冷水が手に入るまでは閉じていてください。催涙ガスの現場から離れたら顔を覆っていた布（または手）を放してください。布や手に付着しているガスによる被害を防ぐためです。

6. きれいな水で顔と気道を洗い流す。

催涙ガスによる痛みを拭うには、レモン果汁やコカ・コーラに浸したバンダナ、またはスカーフで拭きとるのが効果的だと言われています。とはいえ、きれいな水で目と気道から化学薬品を洗い流すより効果的な対処法はありません。催涙ガスを浴びたあとは、着ていた衣服を処分するか洗濯しましょう。

[プロの助言]

▶ 催涙ガスという名称ですが、正確にはガスではありません。固形物質の化学薬品を、濃い霧に乗せて散布しているのです。催涙ガスを浴びると涙が出てきますが、ほんの少し付着しただけで、焼けるような目の痛み、鼻の痛み、吐き気、胸部の圧迫感、息切れ、腹痛と下痢などの不快な症状が現れます。

▶ 液体胃薬を服用する場合は、噴霧容器に液体胃薬と水を5対5の割合で入れます。それを目や口に噴射してください（そのまま飲みこむこと）。催涙ガスの影響が和らぐかもしれません。

留置所での一夜を無事に過ごす方法

1. **パニックに陥ったり、恐怖を顔に出したりしないこと。**

   背筋をピシッと伸ばして立ち、まっすぐ前を見ていましょう。留置所に足を踏み入れる際、ほかの囚人をにらみつけたり、脅したりしないでください。生意気な新入りを痛い目に遭わせることで、自分の立ち位置を明確にしようとする囚人に目をつけられる可能性があります。

2. **ほかの囚人を挑発しない。**

   誰かに襲われた場合は、自分の身を守ってください。ただし、強さを見せつけるためにケンカをふっかけないこと。刑期が延びるか、より警備の厳しい施設へ移されるだけです。

3. **余計なことに首を突っこまない。**

   留置所に友人など存在しません。話すときは慎重に、もしくは誰とも話さないこと。個人的な話や身の上話は絶対にしないでください。

4. **無実を主張しない。**

   誰も興味ないですし、誰もが無実を主張します。

5. **刑務官とは関わらない。**

   刑務所を仕切っているのは刑務官ではなく、囚人たちです。民間運営の留置所や刑務所の場合は、おそらく刑務官が囚人と手を組んでいるでしょう。刑務官が助けてくれると思わないほうが身のためです。よほどの危険が差し迫った場合にのみ、刑務官に助けを求めましょう。

6. 武器を作らない。

武器を所持しているのが見つかった場合、より警備の厳しい施設へ移されます。ほかの囚人に武器を見られたら、刑務官へのご機嫌とりのために密告される可能性もあります。

7. ギャングに仲間入りしない。

州刑務所や地方の留置所には、ギャングのメンバーが服役している場合もあります。間違っても、ギャングに入りたいなどと思わないでください。また、どんな状況下においても、服装や小物などでギャングの一員である振りをしないこと。ライバルのギャング団から、瞬時に目をつけられてしまいます。

8. 護衛のために現金を支払わない。

ほかの囚人に借りを作るきっかけとなり、永遠に抜け出せなくなります。

9. 保護拘置を要求する。

危険が迫っていると感じたら、保護拘置を要求することができます。ほかの囚人から離れて独房に入れてもらえます。ただし、要求が却下されることもあります。

長期の服役を無事に過ごす方法

より長い刑期を刑務所で過ごすことになった場合は、先の助言に加えて次の方法も参考にしてください。

1. **経済面を整えておく。**

   ほとんどの囚人は、ビジネスのやりとりを禁止されています。電話での金銭にまつわる相談も同様です。所得が減ることになるので、家族としっかり戦略を練っておきましょう。

2. **子供に話しておく。**

   4歳以上の子供には、パパ（ママ）が悪いことをしてしまったので1〜2年ほど離れて暮らさなくてはならないということを話しておくべきです（隠そうとしても、面会のときに気づかれてしまいますよ）。

3. **覚悟を決める。**

   有罪判決が下された場合は、刑務所行きは運命なのだと受け入れましょう。意識を集中させるべきは、自らを成長させること、ほかの囚人の力になること、いかに退屈しのぎをするか、です。

4. **売店代を確保しておく。**

   アメリカ国内の刑務所では、月に貯蓄できる上限額は300ドルまでと決まっています。囚人の家族の多くは、上限まで預け入れをする余裕などありません。週に一度、囚人は売店で日用品（石けんや歯磨き粉など）を購入します。余裕があれば、お菓子やラジオなどを購入することもできます。パック入りのツナやサバなど、囚人の間で、高値で取り引きされる日用品もあります。売店の品物は、外の世界と同じような価格で販売されています。

5. トラブルに関わらない。

警備の厳しい刑務所へ移送されるのを避けるだけでなく、おとなしくしていれば“最高の時間”を手に入れられるかもしれません。つまり、刑期が数ヵ月から数年も短縮される可能性があるのです。刑務所にもよりますが、連邦刑務所や多くの州立刑務所が1年の善行につき53日間の短縮を認めています。

6. 仕事をする。

服役中の刑務所内で仕事に就くと、アメリカ国内では平均の時給が3.45ドル（1ドル140円の場合、480円ほど）です。もちろん、これよりずっと低い時給もありえます。給与は売店代用の口座に振り込まれます。刑務所内で働く真の目的は、退屈しのぎと言えるかもしれませんね。南部の一部地域を除いて、刑務所内での仕事は重労働もなければ、鎖につながれて道路工事を行ったりもしません。施設運営の手伝いが主な作業です。洗濯、造園作業、大工仕事などが例として挙げられます。

7. ほかの囚人の力になる。

刑期を楽にやりすごす一番の方法は、価値のある囚人になることです。特別なスキルや知識があれば、ほかの囚人が成長する手助けをしてあげましょう。一般教育修了検定の講義（教育が人生の役に立つのだということを証明するものなら、何でもいいです）をしたり、読書会を開催したり、審判請求理由書を書く手伝いをしたり、といった具合です。刑務所の職員も、その貢献に感謝するでしょう。

もしも銃撃戦に
巻きこまれたら

標的になってしまった場合

1. **とにかく遠くへ逃げる。**

   狙撃犯が素人なら、約18メートル以上の距離からは銃弾を命中させられません。

2. **全速力で走る。しかし直線移動は避ける。**

   予測のできない方向や、不規則なリズムでジグザグに走りましょう。狙撃犯は狙いを定めづらくなります。だいたいの狙撃犯は、遠距離で動く獲物を狙う訓練など受けていないのです。

3. **わざわざ射撃の回数を数えない。**

   狙撃犯が予備の銃弾を持っているかどうかなんて、わかりようがありません。射撃回数を数えるのは、映画の世界だけです。ただ、銃器をチラ見して詳細を覚えておけば、極めて重要な情報を警察に提供することができます。もちろん、逃げきってからの話ですが。

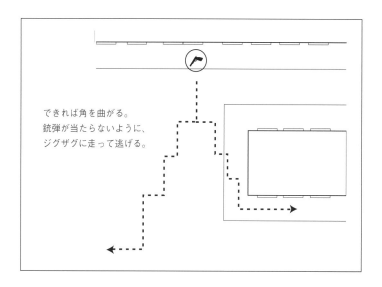

できれば角を曲がる。
銃弾が当たらないように、
ジグザグに走って逃げる。

4. すばやく角を曲がる。狙撃犯がライフルや対人殺傷用の武器を持っている場合には、特に意識すること。

ライフルは正確性が高く、攻撃範囲も広いです。狙撃犯はあなたの行く道をふさぐように前方を狙って射撃するか、乱射してくるかもしれません。

5. 角を曲がったら、身をかがめておく。

素人の狙撃犯は肩から胸元の高さを狙って撃つ傾向にあります。身をかがめておけば、こうした攻撃は頭上を通過していくでしょう。狙撃犯が低いところを狙って撃ってきたとしても、失敗して地面に当たる可能性が高いです。

6. 壁を信頼しすぎない。

レンガの壁でも、大口径ライフルの銃弾は食い止められないかもしれません。

標的ではない場合

多くの場合、目撃するよりも早く銃声が聞こえるはずです。やみくもに走り出したくなるのを堪えて、状況を判断しましょう。

1. 身を伏せて、立ち上がらない。

標的が近くにいる場合や、狙撃犯が銃を乱射している場合は、伏せてください。かがむのではなく、完全に腹ばいになって動かないこと。

2 現場が屋外で、車の近くにいる場合はダッシュする。

狙撃犯とは逆側に回りこんで、タイヤの影で伏せていてください。近くに車がない場合は、縁石の横にある側溝に横たわるといいでしょう。小型の口径なら、車が銃弾を止め

狙撃犯との間には、常に大きな物体を挟むようにすること。

てくれるか、軌道を逸らしてくれるはずです。しかし大口径の銃——アサルト・ライフルや装甲を貫通するように設計されたものなど——の場合は、簡単に車を突き抜けてしまうので、裏に隠れていても被弾します。

3. 現場が屋内の場合は、別の部屋に逃げて伏せておく。

別の部屋に逃げられない場合は、重たくて分厚いもの（頑丈な机、書類整理用の棚、テーブル、ソファなど）の後ろに隠れて身を守りましょう。

4. 狙撃犯が正面にいる場合は、とにかく標的にならないようにする。

脇道に逸れて、伏せていましょう。流れ弾は通常、最低でも地面から1メートル以上の高さを通過します。狙撃犯が屋外にいる場合は、屋内に留まって戸口や窓から離れていること。

5. 射撃が止むか、警察が到着して安全が確保されるまでは伏せておくこと。

[プロの助言]

狙撃犯は相当なストレスを感じています。狙撃に失敗すればするほど、こちらの生存率は上がるのです。下記の行動を試して、狙撃犯の失敗を誘いましょう。

▶ 視界に入らない。

▶ 狙いを定めにくくする。

▶ 注意を引かない。

もしも相手が
騙そうとしてきたら

下記の口調や仕草のヒントを頼りに、ウソかどうかを見破りましょう。

● **声がうわずっている。**

緊張することで声帯が締めつけられ、声がうわずってしまうのです。

● **"盾"を使う人。**

口や目を手で覆って話すこともあります。

● **間が空く。**

質問をしても、返答までに間を空けたり、先延ばしにしたりします。

● **不平不満が多い。**

文句や否定的な発言が多い人は要注意です。

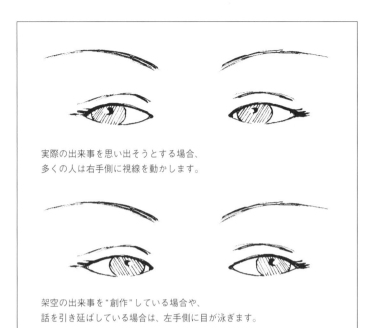

実際の出来事を思い出そうとする場合、
多くの人は右手側に視線を動かします。

架空の出来事を"創作"している場合や、
話を引き延ばしている場合は、左手側に目が泳ぎます。

● **落ち着きがない。**

   曖昧だったり、緊張していたり、ピリピリしていたり、落
   ち着かなかったり、という態度が身振りにも現れているは
   ずです。

● **話の内容が"ニオう"。**

   客観的に話を聞いてみると、「怪しい」と感じる場合がほ
   とんどです。

● **詳細を伏せる。**

   詳細に欠けた情報しか話してくれない場合が多いです。

● **矛盾している。**

話のつじつまが合っていません。普段のやりとりや態度にも矛盾点が見られるはずです。たとえば、表情や口調が言葉から読みとれる感情と嚙み合っていない、などです。

[プロの助言]

▶ 上記の態度、または同様の態度は話者が緊張していることを示すサインであり、必ずしもウソをついているという証拠になるわけではありません。たとえば、過剰に汗をかいているとしても、それは話者が極度に緊張しているという証であり、ウソをついていると断定できるわけではありません。

騙されているかどうかを見分ける方法

心理的な手段を用いて相手を騙したり操ったりする人もいます。自信に満ちあふれた力強い口調や態度で話すことで、相手が生きる世界に疑問を抱かせ、さらには正気さえも疑わせることが狙いなのです。

1. 自分の気持ちを確認する。

防御的になってしまうときは誰にでもあるものです。自分の信念から逸れた考えを徹底的に避けたり、正そうと突っかかっていったり……。感情がかき立てられている状況では、特に受け入れられないと感じてしまうものでしょう。騙そうとしている相手であれば、満足のいく結果が得られるまでしつこく粘ってくるはずです。日常的に感じる防衛本能なのか、それとも独裁者を目の前にしているための防衛本能なのか、これをしっかり見極めることで対応しやすくなるでしょう。

2. **相手の話を肯定してみて、口調が和らぐかどうかを確認する。**

「間違っているかもしれないけれど、私はこう学んだ／聞いた／読んだよ」と言ってみましょう。相手の敵意が収まったら（「なるほどね、私も間違っていたかもしれない」などと言ったら）、おそらく日常的に感じる防衛本能が顔をのぞかせただけでしょう。もしも相手がさらに横暴な態度を見せた場合（「君は間違っている」と言いきるなどした場合）、騙して操ろうとしている可能性が高いです。

3. **囲いこまれる、話を逸らされる、何度も発言を正される、などの行動が目立つ場合は、聞き手を操ろうとしている可能性が高い。**

彼らの反論は定形化しており、聞き手のほうが正しい可能性があることさえ頑なに認めようとしません。何を言っても「いいや、違う」と答えて、感じの悪い冷笑を浮かべるのみです。彼らは自分が完全無欠で、非の打ち所がなく、難攻不落だと思いこんでいるのです。

4. **話題を変えてみるか、話に加わらない。**

相手に関わらないようにすることができるのなら、そうしてください。彼らに負けを認めさせたり、説得したりすることなど絶対にできないのですから。

5. **細かいところではなく、相手の話全体に食ってかかる。**

なぜ「常に守りの姿勢なのか」と尋ねてみましょう。ガチガチに固められた守りの姿勢がさらに強まり、あなたの言葉を自ら証明してくれるはずです。粘り強く攻めてください。細かい突っこみは避けましょう。ただ「ほら、またやってる」などと言うだけで相手のトリックを1つずつ暴いていくことができます。

6. 自分が間違えている可能性も認めること。相手と同じ土俵には立たない。

"自分たちは絶対に間違えることはない"という自信に対する反応を、相手はしっかり観察しています。反応をうかがうために、あなたをバカにしたり、信条を侮辱したり、あなた自身を貶めたりする場合もあるでしょう。ですが、ムキになって反論しないでください。相手のゲームに乗せられて、力関係が大きく傾いてしまいます。ここは反論するのではなく、人間は間違いを犯すものなのだと堂々と認めましょう。相手が完全無欠であると自称していることが、どれだけ恥ずかしいことなのかを思い知らせてやるのです。「誰だってときには悪口を言うし、偽善者になるし、誤った信念を抱くこともある。私はそれを受け入れているけど、どうやら君には難しいみたいだね」とでも言ってやりましょう。

7. 意見の不一致を受け入れる。

騙して操ろうとしている人間を、口論で打ち負かすことは不可能です。自分の価値観と信念に正直でいることだけを心がけて、言い争いを鎮めましょう。一刻も早く、その場から離れてください。

もしも怪しげなピエロを見かけたら

1. 危険なピエロだと、早急に決めつけない。

もともと、ピエロとは多くの人に不気味だと思われる存在ですが、だからといって全部のピエロが連続殺人鬼であったり、異世界から来た謎の生物であったり、ピエロの格好をした悪魔だとかいうわけではありません。道で出会うピエロの大半が、ストリート・パフォーマーか、サーカスや誕生日パーティーへ向かう途中か、もしくは多額の給与を支払ってくれる雇い主を探しているだけの普通のピエロです。

2. ピエロの真意を探る。

安全な距離を保ちつつ、そのピエロが安全なのか危険なのかを見極めましょう。

▶ ピエロの横に、お金が入った帽子や小型のスーツケースが置いてある。

危険性：**低い**

▶ 水を噴き出す花や、風船で作った動物など、おもしろい小道具やプレゼントを持っている。

危険性：**低い**

▶ 多種多様な大勢のピエロが乗る小型車から降りてきた。

危険性：**低い**

▶ 白昼堂々と外を歩いている。

危険性：**低い**

▶ 森、茂み、下水道に隠れている。

危険性：**高い**

▶ 野球のバット、肉切り包丁、斧など、笑えない武器を持っている。

危険性：**高い**

▶ 歯がとがっている。

危険性：**高い**

▶ 目が不気味すぎる。

危険性：**高い**

▶ 衣装に血がついている。

危険性：**高い**

3. 見るからに怪しいピエロからプレゼントをもらわない。

カラフルなキャンディー、風船、ぬいぐるみ、人形などを使って、危険なピエロは自分が無害であるように見せかけようとします。プレゼントを受けとるのは、サーカスやストリート・フェア、または誕生日パーティーなど、公の場にいるピエロからのみにしましょう。それも、受けとっても絶対に大丈夫だとわかっている場合のみです（受けとった人たちが、すでに問題なく使っている場合など）。

すぐに危険だと決めつけずに、
安全な距離を保ちながら
ピエロの真意を探ること。

4. ピエロがいる車には絶対に乗らない。封鎖された下水道にも入らない。

本物のピエロはエンターテインメントを提供するものです。移動手段の提供や、地下設備に関する講義などは専門外です。

［プロの助言］

▶ ピエロに対して強烈な恐怖を抱く、ピエロ恐怖症というものがあります。アメリカ精神医学会では正式な診断結果や疾患として認められていませんが、パニックに陥ったり、吐き気や息切れを感じたりと、さまざまな症状に苦しめられる病気です。心理学者は、これほどの恐怖を引き起こす要因をいくつか指摘しています。たとえば、顔のパーツがゆがんで見える化粧や、顔つきなどが挙げられます。さらに、ピエロはふざけてはしゃぎまわることが多いため、その予測不可能な行動が恐怖を駆り立てているようです。

これ以上ない突入と
脱出をキメる方法

もしも密室に
閉じこめられたら

家の中のドア

● **狙いを定め、ドアの鍵穴部分に1〜2発蹴りを入れる。**

ドアに突進していって体当たりをかますよりも、足蹴りの
ほうが効果的です。肩よりも足のほうが強い力を発揮でき
るためです。このとき、鍵穴の付近を明確に狙って蹴りを
入れることで、力の効果がより拡大されます。

最新の建築物の場合

新しい建築物では、下請け業者が設置する板張りのドアが
主流となっている可能性があります。薄くて細長い板きれ
が縁につけられているだけで、段ボール紙をビニールで覆っ
ただけのものです（ドアを叩いてみてください。内部に空
間があるとわかる音が響いていますか？ それ、安物です
よ）。そういったドアの場合は、"羽目板"の真ん中を狙っ
てすばやく蹴りを入れましょう。外へ抜け出せるほどの穴
が簡単に開くはずです。

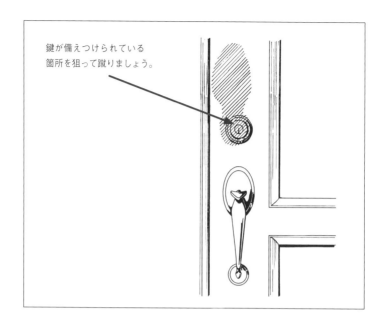

鍵が備えつけられている
箇所を狙って蹴りましょう。

玄関ドアの場合

玄関ドアは頑丈に設置されているうえ、防犯面も考慮して設計されているため蹴破るには相当の力が必要です。通常、玄関ドアは2種類のかんぬきが使用されています。ひねり錠と呼ばれるかんぬきは、掛け金と防犯の役割を果たしています。そしてデッドボルト錠と呼ばれるかんぬきを防犯の強化として設置します（古い家屋では、サムターンと呼ばれる鍵のみの場合もあります）。ひねり錠はドアが勝手に開いてしまうのを防ぐと同時に、ドアの取っ手が勝手に回ってしまうのも防いでいます。デッドボルト錠はひねり錠と併せて使用するもので、ドアフレームにスチールのボルトで固定します。

● 鍵が備えつけられている箇所を正確に狙って何度も蹴り続ける。

玄関ドアを蹴破るには、何度も蹴り続けなくてはなりません。根気強く頑張りましょう。

頑丈なスチール片を持っている場合

● 鍵を取り外す。

鍵とドアの隙間に工具を突っこんで鍵をもぎとりましょう。そして、ドアをグラグラ揺さぶってこじ開けてください。

ハンマーと、スクリュー・ドライバーもしくは千枚通しを持っている場合

● 蝶番の留め具を取り外す。

千枚通し、もしくはスクリュー・ドライバーを蝶番の下に差しこみ、とがった先端がボルト、またはネジに触れていることを確認します。ドアと壁の隙間から蝶番が浮いてくるまで、千枚通し、またはスクリュー・ドライバーの持ち手側をハンマーで叩きます。蝶番の留め具を外して蝶番がついていた側からドアを開けてください（外に向かって開くドアに限って有効な手段です）。

より力強い破壊力が求められることもある

一般的に、室内ドアは玄関ドアより軽くて薄いです。室内ドアが約3〜4センチほどなのに対して玄関ドアの厚みは4.5センチほどです。古い家屋では頑丈な木材が使用されている場合もありますが、最近の家屋では安価で設置できる板張りのドアが主流です。ドアの種類を知ることで、最

も有効なぶち破り方を選ぶことができます。ドアを叩いてみることで構造と頑丈さを調べることが可能です。

板張りのドアの場合　このタイプのドアは防音性と防犯性が皆無なため、室内にのみ取りつけられており、最低限の力でぶち破ることができます。スクリュー・ドライバーで開けることもできますし、狙いを定めて蹴りを入れれば簡単に穴が開くでしょう。

硬い木材ドアの場合　このタイプのドアの多くがオーク材、もしくはほかの硬材を使用しており、バールなどの工具があれば、多少の破壊力でぶち破ることができます。

内側が硬いドアの場合　軟材の内フレームを薄板で覆い、内側には細かく刻んだ木材を詰めたもので、ぶち破るには多少の破壊力とスクリュー・ドライバーが必要です。

外側が金属で覆われたドアの場合　軟材を薄い金属で覆ったものが多く、多少、もしくはそれなりの破壊力とバールが必要です。

中空金属製のドアの場合　重い金属で作られており、へりと鍵穴部分に強化を目的とした建築材が取りつけられていることが多く、防音材や防熱材が内側に詰められている場合もあります。ぶち破るには、最大限の破壊力とバールが必要です。

もしも飛行機を
操縦しなきゃ
ならなくなったら

ここで紹介する対処法は、小型の旅客機とジェット機（民間の航空会社は除く）を想定したものです。

1. **飛行機に操縦装置が1つしか設置されていない場合は、機長を操縦席から押し出すか、引き出すか、連れ出すか、引きずり出すこと。**

2. **空いた操縦席に座りこむ。**

3. **無線通信機用のヘッドセットを装着する。**

   無線機を通じて助けを求めましょう。操縦桿（飛行機のハンドル）にボタンが、もしくは計器盤にアマチュア無線機のようなマイクがついているはずです。話したいときはボタンを押し続け、相手の声を聞くときは離します。「メーデー！ メーデー！ メーデー！」と言いましょう。状況と目的地、そして計器盤の上部に記載されている航空機登録記号を伝えます。緊急事態であること、パイロットが不在であること、すぐに着陸する必要があることも伝えます。

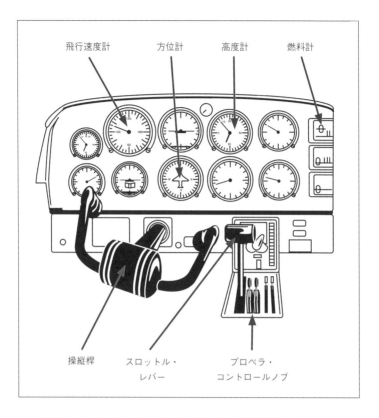

飛行速度計　　方位計　　高度計　　燃料計

操縦桿　　スロットル・　　プロペラ・
　　　　　　レバー　　　　コントロールノブ

4. 誰からも反応がない場合は無線の周波数を121.50に合わせて、緊急事態専用のチャンネルへの通信を試みる。

無線機によって仕様は異なりますが、周波数を合わせる方法はどれも同じです。通信に答えてくれた人が着陸の手順を教えてくれるはずです。慎重に指示に従いましょう。着陸の手順を教えてくれる人とつながらなければ、自分の力でやるしかありません。

5. 周囲の状況を把握し、計器を確認する。

周りを見渡してください。機体は水平ですか？　離陸直後や着陸直前でもない限り、機体は水平を保っているはずです。自動操縦がオンになっている場合は、そのままにしておきましょう。オフになっている場合は"レベルオフ"で知られている青いボタンを探してください。自動操縦をオンにしてくれる新技術であり、さらに機体を水平に保ってくれるのです。

操縦桿　飛行機にとってのハンドルであり、操縦席の目の前にあるはずです。機体の方向転換と上昇下降を操作します。レバーを引くと機体の鼻先が上を向き、レバーを押すと鼻先が下を向きます。左に回すと機体が左に、右に回すと機体が右に曲がります。非常に感度が高いため、ほんの数センチ動かしただけで飛行中の機体が進行方向を変えてしまいます。飛行中の鼻先は、平均的な身長の人から見た地平線より約7センチ下に見えているのが平常です。必要であれば指を使って計測しましょう。機体のエンジンカバー（車でいうボンネット）かグレア・シールド（車でいうダッシュボード）から指4〜5本の横幅に合わせるといいでしょう。

高度計　機体の高度を示すものです。計器盤の中央にあり、3本の針がついています。先端に三角形のついた針は数万フィートの位を指し、幅広の針は数千フィートの位を指し、細長い針は数百フィートの位を指しています。

方位計　目的地の方角を示すもので、中央には機体のシルエットが描かれています。機体の鼻先が、実際に飛行機が向かっている方角を示します。

飛行速度計　計器盤の上部にあるカラーの目盛り盤で、向かって左側に設置されています。多くの場合はノットを単位として計測されていますが、マイルを単位としている場合もあります。小型の旅客機で120ノットの速度で飛行します。50ノットを下回ると失速（ストール）する可能性が高まり非常に危険です（1ノットは時速約1.8キロメートル）。

スロットル・レバー　飛行速度（エネルギー量）を調整すると同時に、機体の鼻先を水平に保ち、地平線との位置関係を調整します。2つの操縦席の間にあり、どの機体でも黒色をしています。手前に引けば低速になり、機体は降下します。奥に押しこめば高速になり、機体は上昇します。車と同様で、スロットル・レバーの動きによってエンジンの音が大きくなったり静かになったりします。

燃料計　計器盤に設置されている燃料メーターです。航空法の規則を遵守するパイロットであれば、目的地に辿り着くのに十分な燃料に加えて30分間は余計に飛行できる量の燃料を積んでいるはずです。飛行機によっては、通常の燃料タンクのほかに予備のタンクを搭載している場合もあります。飛行中にタンクを取り替える必要はありませんので、ご安心を。

フラップ　非常に複雑な構造をしているため、翼についているフラップで機体をコントロールするのが困難なときもあります。飛行速度はフラップではなく、スロットル・レバーで調整すること。

6. 下降開始。

スロットル・レバーを手前に引いて速度を落とします。飛行速度を4分の1に調整することでエネルギー量を減少させます。速度の低下により、機体の鼻先が下を向きます。下降中は鼻先を地平線より約10センチ、もしくは指5～6本ほど下げてください。

7. 着陸装置の準備をする。

乗っている機体の着陸装置（着陸の際の衝撃を和らげるもの。飛行機では車輪タイプが多い）が固定式か引きこみ式かを確認しましょう。固定式であれば、着陸装置は常に外に出ていますから何かをする必要はありません。引きこみ式だった場合は、スロットル・レバーの近くにタイヤのような形をしたハンドルのレバーがあるはずです。水上着陸するときは、着陸装置は格納したままにしておきましょう（引きこみ式だった場合）。

8. 最適な着陸場所を探す。

空港が見つからない場合は平地を選んで着陸しましょう。1.6キロほどの距離が確保できる土地が理想ですが、これより短い距離でも飛行機は着陸できますから、"完璧"な着陸場所を見つけようとするのは諦めましょう。そんなもの見つかりっこないですからね。どうしても平地が見つからなければ、でこぼこした地形でも何とかなります。人のいないビーチがあれば、砂が硬くなっている水辺付近を選びましょう。飛行機の着陸装置が固定式の場合は絶対に水上着陸はしないでください。

9. **高度計が1000フィート(約300メートル)を指したとき、右翼の先端が着陸地点から外れるように滑走路の位置を調整する。**

理想的なシチュエーションとしては、一度、着陸地点の上空を飛び越えて障害物の有無などを確認しておくべきです。この確認は、燃料に余裕のある場合のみにしておいたほうが身のためでしょう。大きな長方形を描くように旋回し、本番に挑んでください。

10. **滑走路に向かうときは、スロットル・レバーを引いてエネルギーの放出量を抑える。**

鼻先を地平線より15センチ以上、下げないように気をつけてください。

11. **上空100フィート(約30メートル)の高さで滑走路に進入するようにし、必ず後輪から先に着陸すること。**

空気力学上、飛行機は時速約88〜105キロで失速します(翼端失速とも呼ばれ、エンジンを用いた失速とは明らかに異なることが体感できるはずです)。車輪が地面に接触する際、上記の速度まで落としておきましょう。

12. **スロットル・レバーを限界まで手前に引き、機体の鼻先が急角度で下がらないように注意する。**

地平線の高さまで鼻先を上げます。操縦桿をやさしく引いて飛行機をゆっくり着陸させましょう。

13. **必要であれば足元のペダルも使い、飛行機を操縦してブレーキをかける。**

操縦桿は、地上ではあまり役に立ちません。上部のペダル

はブレーキ、下部のペダルは前輪が進む方向を調整します。まずは下部のペダルに集中しましょう。右のペダルを踏むと機体は右に動き、左のペダルを踏めば左へ動きます。着陸時は、とにかく速度に気をつけてください。適切に速度を落とせば、生還できる確率は飛躍的に高まります。着陸後の速度を時速約95〜190キロメートルに落とすことで生還率はさらに3倍になります。

[プロの助言]

▶ 整備された滑走路へ制御不能の機体で着陸するよりも、荒れた地形へ機体を制御しながら緊急着陸するほうが安全です。

▶ 飛行機が森林に突っこみそうになった場合、木と木の間をすり抜けるように操縦することで衝突したとしても翼が衝撃を和らげてくれます。

▶ 飛行機が完全に止まったら、さっさと機内から脱出して逃げましょう。パイロットも忘れずに連れ出してあげてくださいね。

▶ 尾翼の方向に避難し、少なくとも4メートルは離れておきましょう。

▶ 多くの飛行計器盤は次の順番で並んでいます。

上部：飛行速度計、水平位置指示計、高度計

下部：旋回釣合計（旋回傾斜計）、方位計、垂直速度計

もしも飛行中に
緊急事態が生じたら

めちゃくちゃな乱気流に遭遇した場合

1. 飛んでしまいそうなものはすべて固定しておく。

乱気流の前兆は、ほんのわずかなものであるか、一切ない
かのどちらかです。きちんと収納されていなかった手荷物
は、客室中を飛び回ることになります。使用していない手
荷物、特に本や電子機器などの重たいものは口を閉じたバッ
グにしまい、前の座席の下に置いておくか、座席上の棚に
収納しておきましょう。小さな手荷物は、座席のポケットに
入れておくこと。危険物となりうるもの（未開封の缶ジュー
スなど）は、トレイの上に放置しないよう気をつけましょう。

2. シートベルトを着用する。

できる限りの安全性を、不便さを感じない範囲で保ちましょ
う。激しい乱気流は、機体を急降下させることもあります。
シートベルトをしていない乗客は、座席上の棚や客室の天
井に頭をぶつけて大怪我をする可能性もあります。

3. トレイテーブルを閉じておく。

しっかりロックされていることを確認しておく。

4. 頭部を守る。

しっかりシートベルトを着用したら、浮遊物から頭部を守りましょう。クッション、厚手の上着、折りたたんだブランケットなどを頭の上に持ってきます。可能であれば空気注入型のネックピローを首に当てておきましょう。硬いものや重いものは絶対に使用しないこと。手から離れてしまえば、たちまち危険な浮遊物となってしまいます。

5. 不時着時の体勢をとる。

安全のための機内装具を指示通りに身につけたら、前屈みになり、頭をできるだけ膝に近づけましょう。

6. 酸素マスクが出てきても慌てない。

酸素マスクは客室の気圧が下がることで座席に落ちてくるよう設計されていますが、乱気流の際に落ちてくることもあります。酸素マスクが落ちてきたからといって、パニックにならないようにしましょう。客室乗務員から指示がない限り、酸素マスクは使わないこと。

7. 急落への心構えをしておくこと。

軽度から中度の乱気流では機体が数十フィートも急落することがあります。さらに激しい乱気流では100フィート（約30メートル）以上も急落する可能性があるのです。通常、パイロットは先行する飛行機から連絡を受けたら高度を調整して乱気流を避けて飛行します。

8. 袋を口につけて呼吸してみる。

過呼吸になった場合はエチケット袋を手に取り、上部をしっかり手で閉じた状態で口に当て、ゆっくり呼吸を繰り返してください。こうすることで、過呼吸で低下した血液中の

二酸化炭素濃度が再び上昇します。ですが、注意が必要です。もしも過呼吸の原因が不安ではなく、心臓発作や喘息であった場合には逆に危険な対処法となり得ます。

9. おしゃべりをする。

多くの場合、近くの乗客と会話をすることで呼吸を整えることができます。

[プロの助言]

乱気流は4つのレベルに分類することができます。

▶ レベル1　軽度
軽度の乱気流では、ほんの一瞬だけ、わずかに高度がずれたり水平でなくなったりすることがあります（横揺れ、縦揺れ、機首のずれなど）。シートベルトを軽く引っぱられるような感覚を覚えるかもしれません。機内に置かれたものが、ほんの少しだけ移動する可能性があります。

▶ レベル2　中度
中度の乱気流では高度がずれ、機体も水平ではなくなりますが、パイロットが問題なく機体を制御できる範囲です。シートベルトを引っぱられる感覚を覚えるでしょう。

▶ レベル3　重度
重度の乱気流では大きく高度がずれ、機体も大きく傾くかもしれません。シートベルトを強く引っぱられるような感覚を覚えるでしょう。

▶ レベル4　極度
極度の乱気流では、機体は上下左右に揺れまくり、もはや制御不能の状態に陥ります。機体に損傷を負ってしまう場合もあるでしょう。

重度以上の乱気流では、機体に重大な損傷を負う可能性があります。急落することで翼にかかる負荷率が機体の限界を超えてしまうと、翼やほかの塗装物などが機体から剝がれ落ちてしまうかもしれません。

大声で駄々をこねる子供に遭遇した場合

1. **移動する。**

    駄々っ子から遠く離れれば離れるほどいいでしょう。搭乗中から駄々をこね始めている場合には、機内をすばやく観察して空いている座席を探すことです。見つけ次第すぐ、客室乗務員に移動したい旨を伝えましょう。そして、飛行機のドアが閉まる音が聞こえた瞬間に移動します。とはいえ、この作戦には次のようなリスクが伴います。真ん中の席になってしまうかもしれないこと。"めちゃくちゃ座席を倒すマン"の後ろの席になってしまうかもしれないこと。トイレの近くになってしまい、絶えず誰かしらが横を通りすぎていくかもしれないこと。さらにはタマネギ入りのサンドイッチを食べている人の隣りになってしまうかもしれないこと。

2. **ヘッドホンを使う。**

    ノイズキャンセリング機能つきのものが望ましいでしょう。普通のヘッドホンでも何列か離れた席にいる駄々っ子の声はブロックしてくれるはずですが、近くの席にいたら効果は薄いでしょう（自分のを持っていなくても、安物のヘッドホンであれば客室乗務員がお手頃価格で販売してくれるはずです）。耳の穴に入れるタイプより、耳全体を覆うタイプのヘッドホンが効果的だと言えます。

3. **耳栓を自作する。**

    2〜4個ほどのガムを嚙みましょう。完全にやわらかくなったら2つに分けて丸めます。ガムボールマシンから出てくる、丸いチューインガムくらいの大きさにしましょう。お手製の耳栓を耳の入り口付近に入れます。穴の奥まで入れないように気をつけてください。ガム耳栓に、髪の毛がひっつかないように注意しましょう。

余計な育児アドバイスは控えましょう。
そんなの誰も喜びませんからね。

4. 空気注入型のネックピローを使う。

頭からTシャツを被り、両袖が耳の横に垂れるようにします。ネックピローも頭の上に装着しましょう。U字の下の部分が頭のてっぺんに、横の部分が耳に当たるように装着してTシャツを固定してください。あとは目を閉じて、ハッピーになれる場所を思い浮かべていましょう。

5. アルコールに頼る。

強めのカクテルでも飲んで気絶してましょう。

［プロの助言］

▶ 余計な育児アドバイスは控えましょう。そんなの誰も喜びませんからね。

"めちゃくちゃ座席を倒すマン"に遭遇した場合

前の席に座る人がめちゃくちゃ座席を倒してきた場合、次の手順を試してください。

1. やさしくアピールする。

"めちゃくちゃ座席を倒すマン"の肩をポンポンと叩き、座席を戻してもらえないかと丁重にお願いしてみましょう。お願いすると同時に、しれっと体を動かして膝を相手の背もたれに押しつけます（既にやっていればOK）。こうすることで、窮屈であるということをアピールできます。

2. やさしいアピールにウソを追加する。

お願いしたあとは、膝の手術を終えたばかりだと伝えてください。倒された座席に膝が押しつぶされ、あまりの痛みで気絶寸前だということもつけ加えます。なんなら（偽物の）傷跡をお見せしますけど、と言ってみましょう。

3. 赤ちゃんを借りる。

そこら辺の人が連れている赤ちゃんを借りて、膝の上に座らせましょう。そして、もう一度お願いをします。座席が戻されたら、忘れずに赤ちゃんを返却すること。

4. こっそり座席を戻す。

"めちゃくちゃ座席を倒すマン"がトイレのために席を外した隙に、さっと前列へ忍びこんでボタンを押しましょう。座席を、ほんの少しだけ戻してやるのです（最初の状態に戻すと気づかれて、また倒してきますので少しだけにしましょう）。"めちゃくちゃ座席を倒すマン"の席が通路側で

ない場合や連れがいる場合は、まず敵の気を逸らす必要が
あります。敵陣近くの通路にコップ1杯の水をぶちまけて
みましょう。何事かと敵が席を外した瞬間がチャンスです。

5. **膝蹴り作戦を開始する。しかし、あくまで最終手段と
する。**

不快であることをアピールしようと、"めちゃくちゃ座席
を倒すマン"の背もたれにわざと膝をぶつけたりすると、
言い合いの原因になる可能性があります。お酒が入ってい
たら、殴り合いのケンカに発展するかもしれません。とは
いえ、"めちゃくちゃ座席を倒すマン"の多くは膝蹴り作
戦に慣れているので、フルリクライニングのためなら多少
の膝蹴りくらいは我慢するでしょう。

6. **自分の座席をめちゃくちゃ倒さないこと。**

問題を増やすだけです。それに自分の座席をめちゃくちゃ
倒しても、前の座席から膝を守ることはできません。

［プロの助言］

▶ 飛行機の座席についているリクライニング機能を無効化させる専用装置がある
かもしれませんが、おそらく一部の航空会社では持ちこみが禁止されているでしょ
う。

機内にヘビがいた場合

1. **叫ばない。**

   ヘビは私たち人間のように音を"聞く"ことはできませんが、周囲の環境を感じとる能力に極めて優れています。ヘビの内耳は非常に感度がよく、地面や空気の振動を脳へ伝達します。悲鳴を上げることでヘビが刺激され、より攻撃的になる可能性があります。

2. **足を上げる。**

   ヘビは体温を保つために温かい物体を好みます。機内の冷たい場所——床や金属が使用されている物体など——からは本能的に離れ、温かい場所へ向かうでしょう。たとえば、乗客の体や調理場のオーブンなどです（機内食を提供する国際線の場合）。

3. **読書灯をつける。**

   毒がなく無害なヘビの多くは、日光の下でしっかりものを見ることができます。ところが、有毒のマムシ類（ガラガラヘビやブッシュマスターなど）には、獲物の体温を感知する赤外線センサーが備わっており、完全な暗闇の中でも獲物を見つけて攻撃できるようになっているのです。人間は薄暗い機内で不便さを覚えますが、毒ヘビにはむしろ好条件なのです。気がついたら噛まれていた、などという事態を避けるためにも読書灯をつけましょう。

4. **トレイテーブルを元に戻す。**

   テーブルを広げておくことは、頑丈で上りやすい台をヘビに提供しているようなものです。

5. 動きを最小限にする。

自席を離れなければいけない、もしくは自席に戻らなくてはいけない場合は、ゆっくり動くようにしましょう。ヘビは1000分の1秒というスピードで、脅威となり得るすばやい動きや急な動作を察知します。

6. しっぽをつかまない。

すばやく振り返ったヘビに手を噛まれます。しっぽをつかみ、噛まれる前に別の座席まで放り投げることは絶対に不可能です。

7. 体の上を這い回ったり上ってきたりしても、抵抗しないこと。

ヘビから逃れることができない状況では、じっと待つのが最善です。数匹のヘビが体を這い回っていたとしても、別の席へ移動してくれるまで動かずに耐えましょう。

8. ヘビの手助けをする。

安全な場所で落ち着いているヘビは、滅多に攻撃をしてきません。ヘビがよじ上ってきたら、落ちないように体重を支えてあげましょう。ヘビが落ちそうになったとしても、引き上げようとしないでください。まだ体に残っている部分を支え、ヘビの好きなようにさせてあげましょう。ゆっくりと腕をトレイテーブルまで移動し、ヘビが移動してくれるのを待ちます。

ヘビを捕まえる方法

トイレや頭上の荷物入れに、ヘビを閉じこめることは可能
でしょう。ですが気をつけてください。この方法を実践す
る際には、ヘビ自ら進んで自然にトイレなどに入ってくれ
るのを待つことです。安全を確保したうえで、頭上の荷物
入れやトイレのドアを開け放しておきます。そしてヘビが
入ったのを見計らってドアを閉めます。

［プロの助言］

▶ ファーストクラスのトイレは、ファーストクラスの乗客専用です。

もしも車が
ロックされてしまったら

　過去20年で製造された車の多くがキーホルダー型のリモコンタイプの鍵を採用しており、電子通信でドアの解錠を行っています。しかし機械的な不具合が生じたときのために、こうした車でも通常は手作業で自動制御を解除できるようになっているものです。ドアに対して縦方向に押込式のボタンがついている鍵が、最も簡単に解錠できます。ドアの内側に、ロックロッド（棒状の鍵）が頂点からまっすぐ縦方向に設置されているのです。こうした鍵はワイヤー製のハンガーやロックアウトツールやピッキング作業で開けることができます。ドアの側面から横方向に伸び、さらに横向きに設置されたロックロッドと合わさるタイプは外側から見えにくく、特別な工具なしで解錠するのは困難でしょう。しかし、このタイプもピッキングで開けることができます（まさか他人の車をピッキングしようとなんてしてませんよね？　信じていますからね）。

ハンガーで開ける場合

1. ワイヤー製のハンガーを長いＪの形にする。

2. Ｊの下の部分を四角く整えて約4〜5センチの横幅にする。

3. ハンガーを窓ガラスと隙間充填材の隙間に滑りこませる。

   感覚で探りながらドアを解錠します。押込式ボタンの末端を探り、見つけたらハンガーを引き上げて鍵を開けます。

ハンガーで開ける場合

ワイヤー製のハンガーを
長いＪの形に整えて
下の部分を四角にする。

ハンガーを窓ガラスと
窓枠の隙間の間に
滑りこませる。押込式
ボタンの末端を探って
引き上げる。

ロックアウトツールを使う場合

ロックアウトツールとは、ばね鋼で作られた工具です。一方にV字の切りこみが入っているので、ボタンの末端を引き上げたり横に動かしたりしやすくなっています。車の種類に合わせて大きさや厚みを選べるようになっており、オンラインや多くの自動車用品店で購入できます。

1. **ツールを窓ガラスと隙間充填材の間にそっと滑りこませる。**

   車種によってはリンク機構（鍵を開け閉めするための連結部分）までの隙間が数ミリしかないものもありますので、ゆっくり、慎重に行いましょう。

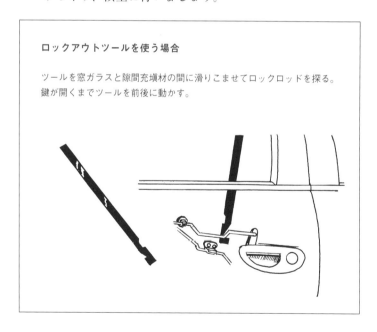

ロックアウトツールを使う場合

ツールを窓ガラスと隙間充填材の間に滑りこませてロックロッドを探る。鍵が開くまでツールを前後に動かす。

2. **ロックロッドを見つけようとして、ツールを勢いよく引っぱらないこと。**

   リンク機構が破損し、電子ロックの場合はドアの中で簡単にワイヤーが折れてしまいます。

3. **ロックロッドに引っかかるまで、ツールをゆっくり前後に動かしてみる。ロックロッドに引っかかったら、再びゆっくり前後に動かして鍵を開ける。**

［プロの助言］

▶ 最近の車は、ロックアウトツールの使用を防ぐためにドアに薄い銅板がはめこまれている場合があります。さらに、事実上ほぼすべての車のドアは配線やエアバッグが隙間なく詰まっています。ロックアウトツールを使用しての解錠を試みる際は細心の注意を払ってください。さもなければ大きな損失を招くこととなるでしょう。

ピッキングで開ける場合

近頃の車の鍵は、ピンタンブラー錠と呼ばれるタイプのものではありません。多くの車が採用しているのが、ピンタンブラー錠によく似た形状の内溝キーと呼ばれるものか、外溝キーと呼ばれるものです。内溝キーは、鍵のブレード部分に歯形のようなギザギザの切りこみが入っているのが特徴です。一方で外溝キーは、ヘビのようなへこみがブレード部分の真ん中まで続いています。両方ともピッキング工具とテンションレンチで解錠が可能です。内溝キーは、一見すると鍵のように見えるジガーピックと呼ばれるピッキングツールでも解錠できます。オリジナルの鍵と同等の大きさですが、ヘビのように波打った形をしています。ほかにも金属製の専用工具（レークピックやスクラバーと呼ば

れます）でも解錠が可能です。

　ジガーピックやレークピックなどの工具がない場合、2
種類のピッキングツールが必要になります。錠前の内部に
あるウエハー、もしくはスライダーを操作するためのピッ
クと、位置を合わせたあとにシリンダーを回すためのテンショ
ンツールです。どうしてもツールが手に入らないときは、
六角レンチで鍵を回し、長いヘアピンでウエハーを動かす
ことも可能です。車用のピッキングツールはオンラインで
も購入できますので、買っておけば簡単に事が進みますね。
住宅などの玄関ドアをピッキングするより、車のピッキン
グのほうが難しいということは覚えておきましょう。車に
は通常、鍵を守るための小さなシャッターが取りつけられ
ているので、ピッキング作業はより困難を極めるわけです。

1. ヘアピン、もしくはピッキングツールを鍵穴に入れた ら、レンチを使って軽く回転させる。

　ウエハー、もしくはスライダー（鍵に刻まれたⅤ字の切れ
こみや溝）が正確な位置で並んでいるかを確かめる唯一の
方法です。多くの場合、ウエハー、もしくはスライダーは
5つ内蔵されています。

2. レンチでヘアピンを回しながら、ウエハー、もしくは スライダーを作動させるためにヘアピンを動かして みる。鍵がスムーズに回転するまで試すこと。

[プロの助言]

▶ 同じメーカーの、別の車の鍵を使ってみてください。まったく別の車の鍵でも開
　くことがあります。主に旧型の車で使用できる裏技です。鍵をシリンダーに挿入
　してウエハーを整列させるためにゴム製のハンマーのようなものが必要になる可
　能性もあります。

もしも車を
スピンターンさせなきゃ
ならなくなったら

バック走行から行う場合

1. ギアをバックに入れ、左手をハンドル上で6時の位置
    に置く。

2. 車を止める位置を正面に定める。

    決めた位置から目を逸らさずにバック走行を開始しましょ
    う。

3. 勢いよくブレーキを踏む。

    そのまま3秒間、踏み続けてください。

4. ギアをニュートラルに入れ、9時の位置まで急ハンド
    ルを切る(4分の3回転)。

    車の勢いを利用してターンさせましょう。ですが、時速約
    72キロ以上出してしまうと横転の原因になることがありま
    す(もしくはギアが壊れてしまいます)。ハンドルを左に
    切れば斜体は左方向にターンし、右に切れば右方向にター
    ンします。

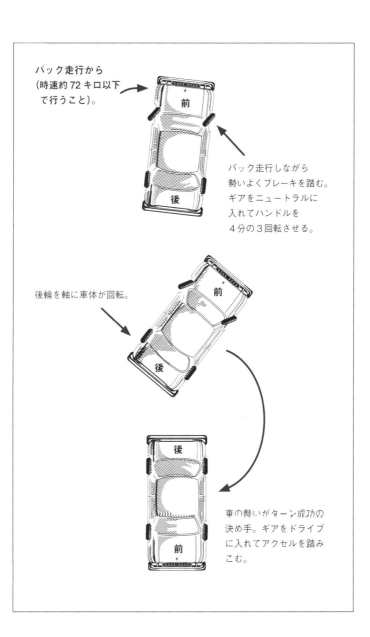

バック走行から
（時速約72キロ以下
で行うこと）。

バック走行しながら
勢いよくブレーキを踏む。
ギアをニュートラルに
入れてハンドルを
4分の3回転させる。

後輪を軸に車体が回転。

車の勢いがターン成功の
決め手。ギアをドライブ
に入れてアクセルを踏み
こむ。

5. 車が完全にターンしきったら、ギアをドライブに入れて走り去る。

前進走行から行う場合

1. **適度に加速する。**

   ドライブなどの前進ギアに入れて適度に加速させます（時速約72キロ以上では横転の危険性があります）。

2. **ギアをニュートラルに入れる。**

   前輪の横滑りを防ぎます。

3. **アクセルペダルから足を離し、ターンしたい方向と逆側に、ほんの少しだけハンドルを切る。**

4. **今度はターンしたい方向にハンドルを半周分だけ切り、サイドブレーキを強く引く。**

5. **車体が半回転したらハンドルの位置を元に戻す。**

6. **サイドブレーキを戻してギアをドライブに入れる。**

7. **来た道を引き返していくため、アクセルペダルに足を乗せる。**

［プロの助言］

▶ 前進中に車体を180度ターンさせるのはさらに困難です。車の前部は後部より重いためコントロールしやすく、比重の軽い後部をコントロールするには、より高度なテクニックが必要となります。

▶ ターンの成功には――安全面にも――道路の状態が大きく影響します。道路の表面に静止摩擦を引き起こす十分な要因（土、泥、氷、砂利など）がそろっていないとすばやいターンを決めるのが困難になり、衝突事故の原因になり得ます。

▶ 濡れた路上では簡単にターンを決められますが、その分、車体のコントロールはより困難になります。

もしも邪魔な車を
押しのけなきゃ
ならなくなったら

邪魔な車に衝突して押しのけるのは、簡単でも安全でもありませんが、どうしてもという場合には比較的マシな方法で押しのけましょう。対象となる車の後方、リアバンパーから約30センチのところを狙います。後方部分はほかのパーツに比べて軽いため押しのけやすいからです。

1. **可能であればエアバッグの作動を止める。**

   追突時の衝撃でエアバッグが膨らんで視界を遮ってしまう恐れがありますが、仮に作動してもすぐに空気が抜けるので安心してください。

2. **シートベルトを着用する。**

3. **最低でも時速約40キロ以上の速度で運転すること。**

   速度を出しすぎないよう注意してください。低速で突っこむのが、速度を落とさずに車体をコントロールするコツです。

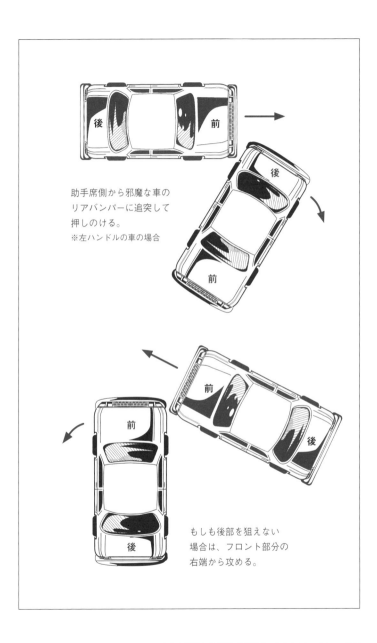

助手席側から邪魔な車の
リアバンパーに追突して
押しのける。
※左ハンドルの車の場合

もしも後部を狙えない
場合は、フロント部分の
右端から攻める。

4. 追突の直前に加速する。

時速約48キロ以上で追突しましょう。

5. 自分の車の助手席側から、邪魔な車の後方に向かって 90度の角度で追突する。

追突時に、車ができる限り直角になるように意識しましょう。

6. リアバンパーを狙えない場合はフロント部分の角を 狙う。

車の側面に対して正面から追突するのはやめましょう。それでは車を押しのけられません。

7. アクセルペダルを踏みこんで動き続けること。

邪魔な車は回転しながら道を譲ってくれるでしょう。

[プロの助言]

▶ 新型の車種ではエアバッグの作動をコンピューターが感知すると、自動的にエンジンが止まる機能が装備されていることがあります。多くの場合、イグニッションを一度オフにしてから再びオンにすることでエンジンをかけ直せます。

▶ リアバンパーに追突することで、相手の車をダメにする効果もあります。後輪が破損してしまうので、追いかけられることもなく逃げきれるでしょう。

もしも交通事故に
遭いそうになったら

1. **早めにブレーキをかけ、ブレーキペダルから足を離さない。**

   急ブレーキが怪我や死亡事故につながるケースが非常に多いです。衝突の前にどれだけ減速できるかが生存の決め手となるのです。

2. **シートに深く座る。**

   膨らむ瞬間のエアバッグから離れているほど、衝突の衝撃を和らげる効果が高くなります。膨らむ瞬間が最も力の強い瞬間でもあるので、できる限り離れておきましょう。

3. **シートベルトを着用しておく。**

   装着しているシートベルトのおかげで、急な減速を行った場合でも安全を確保することができ、車内から放り出されてしまうのを防いでくれます。

4. 手足をエアバッグから離しておく。

運転手は親指や腕をハンドルから離しておきましょう。同乗者は腕、そして特に脚をダッシュボードに乗せないようにしましょう。エアバッグが膨張する際に大きな怪我につながる恐れがあります。

5. 側面衝突を避ける。

構造的に、車の側面はフロント部分やリアバンパー部分（衝撃吸収帯（クランプル・ゾーン）と呼ばれる部分）ほど強度が確保されておらず、エアバッグの数も少ないことが多いです。どうしても衝突を免れないときは、正面からぶつかるようにしてください。相手の車体や対象物との距離を保つこともできます。

6. ハンドルを切るのは速度を落としてから。

高速で走行中に急なハンドル操作を行うと想定していたよりも大きく進路から逸れてしまう可能性があります。それを慌てて修正しようとハンドルを切りすぎると横転の原因にもなってしまいます。時速約65キロ以下になるまでハンドル操作は行わないようにしましょう。

7. 右にハンドルを切る（右側走行の場合）。

正面衝突が目前に迫ってしまった場合は、ハンドルを右に切りましょう。左に切れば1台目との正面衝突は避けられるかもしれませんが、対向車線の後続車と衝突してしまう危険性があるからです。

8. 草地を目指す。

道路から速やかに外れ、速度を落としながら少しでも安全な方向へ車を走らせてください。たとえば木などの、地面にしっかり固定されているものがある場所は避けましょう。

［プロの助言］

▶ 深夜、金曜の夜 2 時以降、土曜の夜の運転は控えましょう。飲酒運転などの危険行為をするドライバーが増える時間帯ですからね。

▶ 高速道路を走る際は左側のレーンを避けましょう。夜間走行であれば、特にです。逆走してくる車は、多くの場合が左側のレーンを走行してくるからです。

もしも乗っている車が水没し始めたら

1. 水中に落下したら、何よりも先に窓を開ける。

生き残るためにできる最良の行動です。水中では、外から
の水圧でドアを開けることが非常に困難になるからです（安
全のため、水辺を走行する際には普段から窓を開けておく
といいでしょう。氷上を走行する場合も、少しだけ窓を開
けておくことをおすすめします）。窓を開けることで水が
車内に入り、外からの水圧と中からの水圧が均等になりま
す。水圧が均等になれば問題なくドアが開きます。

2. 窓ガラスを割る。

落下直後はパワーウィンドウも作動するかもしれませんが、
電子系統が濡れてしまえば使えなくなります。窓を開けら
れない場合は足で蹴るか先端のとがったもので叩いて窓ガ
ラスを割ります。窓ガラスの中心ではなく、端の部分を狙っ
てください。シートベルトのバックルなど、とがった金属
で衝撃を与えれば強化ガラスは簡単に割れます。

3. 車から出る。

車体が浮いているうちに、早急に脱出してください。車種
にもよりますが、車体が浮いていられるのは数秒から数分

水中に落下したら、すぐさま窓を開けること。車内と車外の水圧を均等にしなければ脱出は困難を極めます。水面に落下する前に窓を開けられない場合は、足で蹴るか先端のとがったもので叩いて窓ガラスを割る。

の間です。機密性の高い車種ほど長く浮いていられます。車内の空気はトランクや運転席などから漏れ出していきます。車体が水底に沈む頃には、車内には気泡すら残されていないでしょう。フロント部分にエンジンを搭載している車種は、フロント部分を下にして急角度で沈んでいきます。水深が約4メートル以上ある場合は、ひっくり返って屋根から底に沈んでしまうこともあります。

4. 閉じこめられた場合は、車内が水で満ちるのを待つ。

とにかく落ち着いて、パニックに陥らないことです。車内に水が溜まるのを待ちましょう。水が頭の高さまで到達す

る直前に、思いきり息を吸いこんでから呼吸を止めてください。車内と車外の水圧が均等になっているので、ドアを開けられるはずです。水面まで泳いでいきましょう。

氷を割らずに氷上を走行する方法

乗用車や小型トラックが安全に氷上を走行するには、傷もなく頑丈な氷が最低でも20センチの厚みで張っていることが条件です。

▶ 氷上を走行するのは真冬のみにしてください。

▶ 一箇所に長く留まっているとタイヤの下の氷が脆くなります。

▶ 複数の車で走行する場合は、近くに止めたり並んで走行したりしないでください。

▶ どんなに小さなひび割れも直角で横断し、低速で走行してください。

▶ 通常、新しい氷は古い氷より厚いです。

▶ 再凍結した氷や、雪解け水が凍った氷、ひび割れから漏れ出た水が凍った氷などと比べると、湖や河川水などが凍った氷のほうが割れにくいです。

▶ 氷の上に何層にもわたって雪が積もると凍結過程に時間を要します。さらに雪の重量が氷の支圧強度を弱めてしまいます。

▶ 岸付近の氷は割れやすいです。

▶ 凍った川は、凍った湖よりも割れやすいです。

▶ 河口付近の氷は割れやすいので危険です。

もしも列車が 脱線事故を起こしたら

1. 警笛の音に耳を澄ませる。

前方衝突が避けられない状態であれば、列車が接近していることを警告するために運転手が発している短い警笛が連続して聞こえるはずです。身を守る行動をとるのに許された時間は数秒です。

2. 飛び降りない。

飛び降りた際に線路付近にある障害物にぶつかるほうが、列車の衝突事故よりも深刻な怪我につながる可能性が高いです。

3. 客席に座る。

食堂車、トイレ、車両連結部にいる場合は直ちに移動しましょう。衝突時に深刻な怪我を負う危険性が高いです。個室で眠っていた場合には、そのまま横になっていてください。時間に余裕があれば車両（もしくは列車）のできるだけ後ろへ移動してください。乗車中の電車がプッシュプル方式（機関車の動力装置を前後に搭載している列車のこと）であれば、後部の動力装置には通常の旅客車よりも強力なブレーキが備わっていますので"錨"のような役割で列車の速度を落としてくれるかもしれません。

4. "ジップストリップ式"の窓を探す。

列車の窓は非常に頑丈に作られており、飛散防止にもなっています。また、救援隊が電車内に入れる唯一の道となる可能性もあります。座席を選ぶ際にはジップストリップ式の窓を探し、その近くに座りましょう。グロメットと呼ばれるチューブ状のゴムと、緊急時に窓を開けるためのハンドルがついているのが特徴です。

5. 衝撃に備える。

体をヘッドレストよりも低く下げてください。衣類やブランケットなどで頭部を守り、衝撃に備えましょう。座席の肘掛けがある場合は、強く握っていてください。通常の旅客車ではシートベルトがついていないためです。

6. 激しい揺れに備える。

多くの場合、線路や道床が衝撃を吸収し、密着連結器が横力を最小限に抑えてくれるので車体が倒れることは少ないでしょう。しかし、走行中の列車は急に止まれないため、車両連結部分でアコーディオンのようにジグザグに折れ曲がってしまうことがあります。車両が動いたり、横滑りしたりするのを実際に体感するはずです。

7. 列車が完全に止まるまで待つ。

自分や他者が怪我をしていないか確かめましょう。

8. 煙の有無を確認する。

ディーゼル電気機関車はディーゼル燃料で走るため、衝突の際に火災が発生する恐れがあります。電車によっては、消火器が先頭と最後尾に備えつけられている場合もあります。必要であれば使用してください。

9. 指示に従う。

車掌や鉄道会社の職員がいる場合は避難指示が出ますので、それに従いましょう。

10. 必要であれば避難する。

火災や水没の危険がある場合には、窓から這い出てください。電気機関車などでは、カテナリ式電車線に触れると感電する恐れがあります。高圧線と同じくらい危険なので気をつけましょう。電気は遮断されているだろう、などと思いこまないようにしてください。

[プロの助言]

▶ 平行している線路には近寄らないこと。事故現場に向かおうとしている列車があるかもしれません。減速やブレーキが間に合わない可能性もあります。

もしも生きたまま
埋葬されたら

1. 酸素を確保する。

一般的な棺に入れられて生き埋めにされた場合、酸素が持つのは1時間ほどであり、どんなに長くとも2時間が限界でしょう。まず、息を深く吸いこみます。そして吐き出す前に、可能な限り長く息を止めておきましょう。吸いこんだ息を吐き出さずに飲みこんでしまうと過呼吸の原因になるので、絶対にしないでください。マッチやライターを点火するのも厳禁です。燃焼することで、必要な酸素が失われてしまいます。懐中電灯であれば安全に使用できます。持っていれば、の話ですが。大声で叫ぶのも我慢してください。叫ぶとパニックに陥り、心臓の鼓動が速くなり呼吸が荒くなってしまいます。貴重な酸素が、より早く失われる結果となります。

2. 棺の蓋を両手で押し上げてみる。

合板製の安価な棺や、リサイクルの板紙で作られた棺には弾力があるので、比較的簡単に蓋を突き破れるでしょう。棺の蓋に柔軟性を感じたら、手順3へ進んでください。金属製や硬材製の棺は、素手で蓋を突き破るのは不可能です。その場合には、救助がくるように祈るしかありません。金属製のもの（指輪、ベルトのバックル、硬貨、フラスコ瓶、

ペンなど）を使い、生きていることを周囲の人にアピールしましょう。棺の蓋を叩いてSOSのサインを送ります。すばやく3回、続いてゆっくり3回、そしてまたすばやく3回。誰かが気づいてくれるまで救難信号を送り続けてください。

3. シャツを脱ぐ。

胸の上で腕を交差させてから交差を解きます。すると、肘が曲がったままで手が肩についている状態になります。シャツを引っぱり上げて、襟から頭を抜きます。スペースが許す限り限界まで棺の中で上半身を持ち上げて、シャツを頭の上まで引き抜いて完全に脱ぎます。

4. シャツの裾に結び目を作る。

バッグのように、襟首だけが大きく開いている形にします。

5. 襟首に頭を入れる。

結び目が頭の上にくるようにします。これで、土砂が流れこんできて窒息してしまうのを防ぎます。

6. 棺の蓋を突き破る。

足を使い、棺の蓋を蹴り続けます。安物の棺であれば、この時点で上からのしかかる土砂の重みで裂け目が生じているはずなので、簡単に突き破れるでしょう。手足を使って棺の蓋を割り、土を流れこませます。

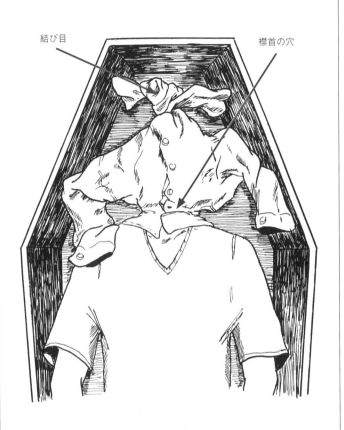

結び目　　　　　　　　　　　　　襟首の穴

シャツを使い、土が流れこんできて窒息してしまうのを防ぎます。

7. 両手で土を足元へ押しやる。

棺の足元には、まだ余裕があるはずです。土が流れこんで
きたらすばやく、ただし落ち着いて、土を足元へ押しこみ
ましょう。足元に余裕がなくなったら、体の両脇に押しや
ります。ゆっくり、一定の間隔を保って呼吸すること。

8. 上半身を起こす。

座っている体勢になったら、土は今まであなたが横たわっ
ていた場所に流れ始めます。立ち上がれるようになるまで、
流れてくる土を棺の中に押しこみ続けてください。

9. 立ち上がる。

立ち上がれたら、頭上の土をどかして墓穴から出られるは
ずです。頭上の土をかき分けて、這い上がりましょう。

[プロの助言]

▶ 埋められたばかりなら、やわらかい土で覆われているはずなのでかき分けて出
てくるのは、さほど大変ではないでしょう。

▶ 暴風雨の最中に埋葬されてしまった場合、そこから逃げ出すのは困難を極めます。
濡れて重たくなった土がのしかかるため、かき分けて出てくることは不可能に
近いでしょう。

▶ 土壌の粘土含有量が多いほど、脱出するのが困難になります。

とにかく自分を信じる

もしも高所から
川に飛びこまなきゃ
ならなくなったら

緊急時、やむを得ず6メートル以上の高さから水中へ飛びこもうとする場合、上からは水深などわかりようがないですね。だから、高所から水中へ飛びこむのは危険なのです。橋からボートが行き交う川などに飛びこむ場合、ボートの航路に着水するようにしましょう。通常、ボートが橋の下をくぐる川の中心部が最も深くなっているためです。橋の支柱であるパイロン付近に飛びこまないこと。流れてきた瓦礫などが溜まっている可能性があるので、危険性が高まります。

1. 足から飛び降りる。

2. 水面に対して体を垂直に保つ。

3. 足をしっかり閉じておく。
   歯を食いしばり、頭を傾けずに体を直線にする。

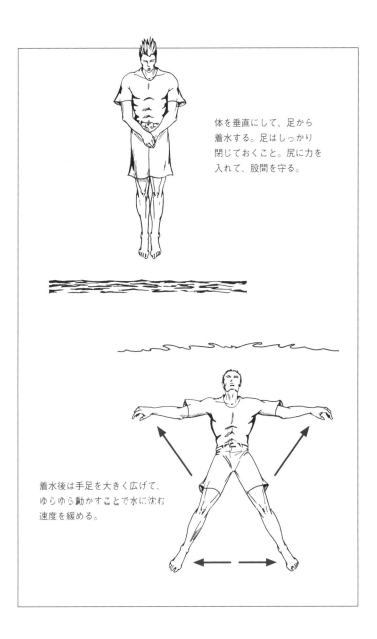

体を垂直にして、足から
着水する。足はしっかり
閉じておくこと。尻に力を
入れて、股間を守る。

着水後は手足を大きく広げて、
ゆらゆら動かすことで水に沈む
速度を緩める。

4. 足から着水し、肛門に力を入れてしっかり締めておく。

水が肛門から体内に入りこまないようにしてください。臓器に深刻な損傷を負う危険があります。

5. 手で股間を覆って保護する。

6. 着水後は直ちに手足を大きく広げる。

手足を前後にゆらゆら動かすことで水の抵抗を生み、沈んでいく速度を緩めます。水の深さを過信していると底に激突します。

7. 浮上したら、すぐに岸まで泳ぐ。

[プロの助言]

▶ 上記の方法は、命は助かりますが足の骨を折る場合があります。

▶ 体がまっすぐでないと、着水時に背骨を折る危険があります。腕をバタバタさせないこと。着水するまでは、体を垂直に保ちましょう。

▶ 水深が6メートル以上あると断定できる場合以外は、頭から飛びこむなんて考えを起こさないこと。水底に足をぶつけても足の骨折で済みます。しかし頭をぶつけた場合、折れるのは頭蓋骨です。

▶ 正確に飛びこめば、約50メートルの高さまでは無事に着水できます。

もしも高所から
ごみ収集箱に飛び降り
なきゃならなくなったら

1. **まっすぐ飛び降りる。**

   ビルから斜めに飛び降りてしまうと、軌道が逸れてゴミ収集箱の中に着地できません。勢いよく飛び出したくなる本能に逆らってください。

2. **頭と脚を抱えるように丸くなる。**

   このポーズを空中でとり、背中を地面に向けてください。腹ばいにならないように注意してください。これが、背中から着地できる唯一の方法です。

3. **大型ゴミ収集箱、またはゴミの詰まった大きな箱の中心を狙って飛び降りる。**

4. **着地のときに体が曲がってもいいように、まっすぐ伸ばした背中から着地する。**

   高所から落下すると、着地した際に体がVの字に折れ曲がります。そのため、腹から着地すると背骨が折れます。

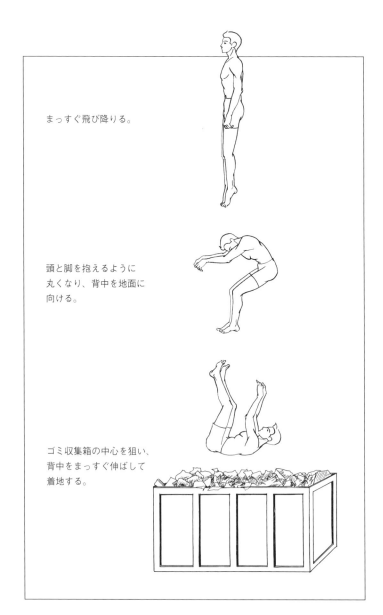

まっすぐ飛び降りる。

頭と脚を抱えるように
丸くなり、背中を地面に
向ける。

ゴミ収集箱の中心を狙い、
背中をまっすぐ伸ばして
着地する。

［プロの助言］

▶ 建物に非常階段や何らかの突起がある場合には、ぶつからないように遠くへ飛ぶ必要があります。その場合、建物から離れた場所にあるゴミ収集箱でなければ着地できません。

▶ ゴミ収集箱が、レンガなどの望ましくないタイプのゴミでいっぱいの可能性もあります。望ましいタイプのゴミ（段ボールが最も理想的です）でいっぱいのゴミ収集箱に正しい姿勢で着地できれば、高所（たとえ5階以上の建物でも）から飛び降りても、助かるでしょう。

もしも走行中の列車の屋根から車内に入らなきゃならなくなったら

1. **まっすぐ立とうとしない（おそらく立つことは不可能）。**

   体をわずかに曲げて、風に逆らって歩きます。列車が時速約50キロ以上の速度で走行している場合は、バランスを保つことや、風に逆らうことが困難になるでしょう。屋根から降りられるまでは、腹ばいになって匍匐前進で進むのが最良かもしれません。

2. **カーブに差しかかっている場合は、歩き続けずに寝そべること。**

   列車によっては雨水を流すためのガイドレールがついています。ガイドレールがついている場合は、それにしっかりつかまってください。

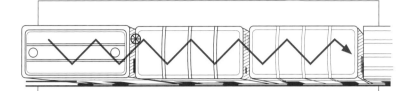

身を低くかがめて、ゆっくり進む。列車の揺れに合わせて左右に揺れながら移動すること。各車両の間に設置されているはしごを探す。

3. 列車がトンネルに差しかかっている場合は、すばやく寝そべる。

トンネルと列車の間にはわずかな間隔が空いているのですが（90センチほど）、立っていられるほどの余裕はありません。トンネルに進入する前に屋根を端まで這って移動し、車内に入れるなどと思わないでください。たぶん無理です。

4. 列車が揺れるリズムに合わせて、体を左右に揺らしながら前進する。

直線で移動しないように注意してください。足を約90センチ開いて、左右に揺れながら移動すること。

5. 車両の端（各車両の間）にあるはしごを探して降りる。

トンネルとの間隔が狭いため、列車の側面にはしごが設置されている可能性は限りなく低いです。映画ではよく見かけますが、あれはアクションシーンを盛り上げるための演出です。

［プロの助言］

▶ 貨物列車の大きさや形状は、ものによって大きな差があります。楽に飛び越えられる車両もあるでしょうし、極めて困難な車両もあるでしょう。

▶ 車高3メートル以上の貨車の場合、平台車やタンクローリーが隣りを走行していることがあります。このタイプの列車の屋根から生還するには、一目散に列車から降りることです。車両から車両へ飛び移るなどの危険を冒している場合ではありません。

▶ いくつかの通勤列車を除いて、現代では多くの列車がアコーディオン式の連結装置を採用しており、車両の端から車内へ入りこむことが不可能になっています。この場合は、列車の先頭（付随車がある列車は最後部）まで行き、動力源である車両と客車の間を降りるしかありません。

もしも走行中の車から
飛び降りなきゃ
ならなくなったら

走っている車から身を放り出すのは、ほかにどうすること
もできなくなったときの最終手段です。たとえばブレーキ
が故障して今にも崖から落ちそうなときや、列車に突っこ
んでしまいそうなとき以外は実践しないでください。

1. **サイドブレーキを引く。**

   車を停めることはできないかもしれませんが、飛び降りる
   のに少しでも安全な速度まで減速できるかもしれません。

2. **ドアを開ける。**

3. **車の進行方向から外れる角度で飛び出すこと。**

   休も車と同じ速度で進んでいるので、飛び降りたあとも車
   と同じ方向へ転がる可能性があります。車がまっすぐ進む
   のであれば、脇に外れるような角度で飛び降りること。

4. **頭と手足を引っこめておく。**

サイドブレーキを引いて
減速したらドアを開ける。

車の進行方向とは別の方向へ
飛び出すこと。

後

前

5. **やわらかい着地点を探す。芝生、茂み、木くずなど何でもいいが舗装道路と木が生えている場所は避ける。**

スタントを行う人たちは、体にクッションを当てて砂場に着地します。しかし緊急時に贅沢を言っている余裕などありません。体への衝撃を少しでも和らげて、最小限の怪我で済ますために使えるものを利用しましょう。

6. **飛び降りたら地面を転がる。**

肩から着地するように心がけ、着地後は進行方向と垂直に転がりましょう。前転のように頭から回転しないこと。

もしもバイクから並走中の車に飛び移らなきゃならなくなったら

1. **前方の道路を確認する。**

   前方に車がいないことを確認してください。必ず、直線コースで行うこと。カーブや急な車線変更は、バイクと車が離れてしまう原因となります。

2. **飛び移る車と速度を合わせる。**

   バイクと車が同じ速度で走行している必要があります。

3. **助手席側の窓に飛び移る。**

   左右どちらでも、後部座席の窓へ乗り移るのはやめてください。後部座席の窓は小さいうえに、リヤ・ピラーと呼ばれる柱はつかみにくいためです。必ず窓を全開にして行うこと。

4. **飛び移る準備をする。**

   ギリギリまで車に近づいてください。車側の足をフットレストに乗せたまま、逆側の足をバイクの座席に乗せます。ハンドル操作を忘らないこと。体重はフットレストに乗せている足にかけておきます。

助手席側から飛び移ること。

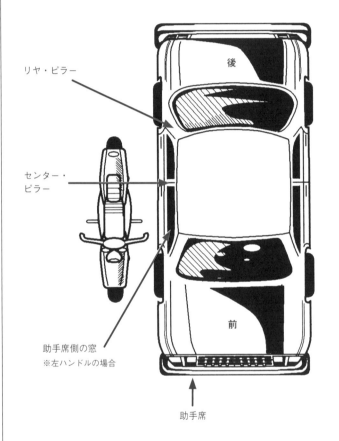

リヤ・ピラー

センター・
ピラー

助手席側の窓
※左ハンドルの場合

後

前

助手席

車の窓を全開にして、同じ速度で走行すること。
できる限り近づく。

5. **車側の脚のみを使ってバイクを蹴る。**

   車と反対側の脚で蹴ると、バイクが傾いたり横滑りしたりする危険があります。

6. **開いている窓を狙って飛ぶ。**

   両腕をしっかり伸ばすこと。バイクがまっすぐ立っていられるのは数秒で、しだいに減速して横転します。

7. **窓から乗り移れなかった場合はセンター・ピラーにつかまる。**

   センター・ピラーは車のフレームに溶接されているため、車体でも特に強度の高い部分です。乗り移りに失敗した場合は、センター・ピラーにしがみつきましょう。そして片脚ずつ助手席の窓から乗りこみます。もしくは運転手に後部座席の窓を開けてもらい、そこから乗りこみましょう。

8. **センター・ピラーもつかみ損ねた場合は、体を丸めて転がる。**

   窓にもセンター・ピラーにも届かなかった場合は、体を丸めて転がり、車から離れること。

［プロの助言］

▶ バイクに2人乗っていれば、乗り移る人が運転を続ける必要がないので飛躍的にやりやすくなります。

▶ 映画の撮影では低速で行われます。またバイクか車の側面に金属製の足場を設置して、バイクのバランスを保ちながら体勢を変えられるようになっているのです。現実世界では、そのようなオプションは選べません。

もしも車から別の車に飛び移らなきゃならなくなったら

1. **速度と距離を確かめる。**

   速度が速いほど人体は風の抵抗を受けやすくなり、車同士の距離をさらに近づける必要があります。時速約80キロ以上で走行するのなら、2台の速度を必ず合わせてください。

2. **先導の車を確認する。**

   なるべく（屋根が開いている状態の）コンバーチブル型の車を選ぶこと。飛び移る先のスペースも広く、難易度が下がります。ピックアップ型のトラックを選んでもいいでしょう。

3. **後部座席へ移動して窓を開ける（運転者以外の人物が飛び移る場合のみ実施してください）。**

4. **2台の車を一直線に並べる。**

   後部座席の窓から助手席の窓へ飛び移るため、飛び移る張本人が乗っている車は、目的の車の助手席側から近づきます。

5. 速度を維持する。

6. 窓から這い出る。

片手で屋根をつかみ、逆の手でセンター・ピラーをつかみ
ます。

7. 脚の位置を整える。

目的の車に面しているほうの脚を車から完全に出して、自
分の車側の脚は窓枠に乗せておく。

8. 飛ぶ。

窓枠に乗せていた脚に力をこめて、そのまま飛び出します。
腕は体の前へ伸ばしておくこと。助手席の窓をめがけて頭
から飛んでください。目的の車がコンバーチブル型であれ
ば後部座席を、ピックアップ型なら荷台を目指して飛びま
しょう。

9. 失敗したらセンター・ピラーにつかまる。もしくは
体を丸めて転がる。

失敗したらセンター・ピラーをつかんで、そのまま窓から
乗りこみましょう。センター・ピラーもつかめなかった場
合は、体を丸めて転がって車から離れること。

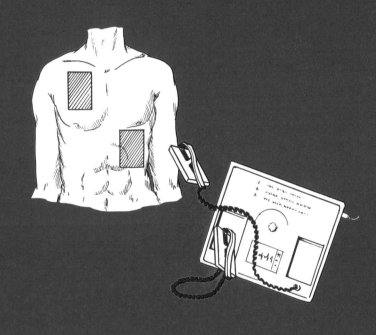

危機的状況

もしもAEDで
心肺蘇生を行わなきゃ
ならなくなったら

除細動とは、強力な電気ショックを心臓に与えることをいいます（除細動器とは、医療映画やテレビドラマなどでも使用される医療機器です。2つのパッドを患者の胸に押し当てて「クリア！」と俳優が叫ぶシーンで使われているものです）。かつては非常に重く、高価で、主に病院に設置されているものでしたが、昨今では自動体外式除細動器（AED）と呼ばれる小型の除細動器が、プールやジム、空港などの公共施設に備えつけられています。AEDの使用は心肺停止の蘇生救急（CPR）に該当するため、アメリカ心臓協会が定める一次救命処置（BLS）に当てはまります。心臓マッサージや人工呼吸はBLSにおいて最も重要な行動です。患者が意識不明に陥り、脈拍や呼吸が認められない場合、救助者は直ちにCPRを開始してください。除細動器は、突然の心停止（SCA）を起こした場合に限って使用すること。人体に電気ショックの影響が及んでしまうと、CPRでも蘇生は不可能です。

除細動器の使い方

1. 適切なボタンを押して電源を入れる。

大半の機器は視覚情報と音声によって、電源ボタンの位置
を教えてくれます。

2. 患者のシャツを脱がし、装飾品も取り外す。

**3. LEDパネルに示されている通りに、パッドを患者の胸
に取りつける。**

1つは右胸の上部に、もう1つは左胸の下部に取りつけま
す。

4. パッドをコネクタに接続する。

除細動器は患者の心拍リズムを測定して電気ショックの必
要性を判断します。このとき、患者に触れないように注意
してください。

**5. 電気ショックが必要だと判断された場合は、視覚情報
と音声の両方で指示が出るので、指定されたボタンを
押す。**

電気ショックを行う前に、患者に触れている人がいないこ
とを確認してください。1度目の電気ショックから2分後
に、除細動器が自動で患者の心拍リズムを再測定します。
2度目の電気ショックが必要だと判断されれば、その旨の
指示が出されます。

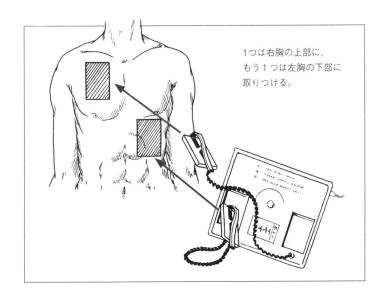

1つは右胸の上部に、
もう1つは左胸の下部に
取りつける。

6. 患者の気道を確保し、電気ショックの合間に呼吸の有無と脈拍を確認する。

患者の脈拍と呼吸が戻らない場合は、BLSの資格を持った人物による治療が必要です。脈拍はあるが呼吸が戻らない場合は、人工呼吸を行ってください。

[プロの助言]

▶ 突然の心停止とは、電気信号が乱れて心臓が機能しなくなることです。呼吸が止まり、脈拍が遅くなり、急速に弱まるか、完全になくなります。意識不明の状態に陥るでしょう。

もしも気管切開術を
執り行わなきゃ
ならなくなったら

この治療法の正式名称は輪状甲状靭帯切開術といい、患者<ruby>りんじょうこうじょうじんたい</ruby>の喉に何かが詰まって呼吸音や咳も確認できないほどの呼吸困難に陥っている場合にのみ行われます。輪状甲状靭帯切開術を行う前に、必ずハイムリック法（腹部突き上げ法）を３回は試してください。それでも喉に詰まったものが出てこずに意識が戻らない場合に限り行うこと。手順に入る前に必ず救急車を手配しておきます。

必要なもの

▶ 　近くにあれば救急箱。中には"気管チューブ"が常備されている救急箱もあります。

▶ 　かみそり、非常に鋭いナイフ、またはカッターナイフ。

▶ 　中身（インクの入ったチューブ）を取り除いたボールペン、または厚紙か段ボール紙を筒状に丸めたもの。

道具を消毒している時間などないので気にしない。

手順

1. **患者の喉仏(甲状軟骨)を探す。**

2. **そこから指を2.5センチほど下げて、別の出っ張りを探す。**

   それが輪状軟骨です。甲状軟骨と輪状軟骨の間のへこみは輪状甲状膜と呼ばれ、この手術で切りこみを入れる箇所です。

3. **水平に約2センチの切りこみを入れる。**

   かみそり、またはナイフを使用して切開してください。切開の深さは約1.5センチです。出血量は多くないはずです。

4. **切開部分を開く。**

   指でつまむか、中に指を入れて切開部分を開いてください。

5. **チューブを挿入する。**

   切開部分にチューブを挿入します。差しこむ深さは約1.5～3センチです。

6. **2回、すばやく息を吹きこむ。**

   そのまま5秒間待ってください。その後は5秒おきに1回、息を吹きこんでください。

7. **治療が成功していれば、患者の胸が上下に動く。意識が回復する可能性もある。**

   多少の息苦しさはあるものの、自力で呼吸ができるはずです。救急車の到着を待ちましょう。

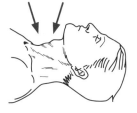

輪状軟骨　喉仏（甲状軟骨）

喉仏と輪状軟骨の間のへこみ（輪状甲状膜）を見つける。

長さ約2センチ、深さ約1.5センチに切開する。

指でつまむか、中に指を入れて切開部分を開く。

約1.5〜3センチの深さで切開部分にチューブを挿入する。

もしも心臓発作を起こしたら

1. アスピリンを噛み砕く。

心臓発作の兆候を感じたら、すぐさまアスピリン（325ミリグラムの錠剤）を1錠、もしくは小児用アスピリン（81ミリグラムの錠剤）を4錠、しっかり噛み砕いて飲みこんでください。噛み砕くことで、より早く成分を血流に乗せることができます。心臓発作は、心臓の筋肉に酸素を運ぶ血管の動きが妨げられて引き起こされます。アスピリンは心臓発作を治めたり、血管の詰まりを取り除いたりはしませんが、血液凝固細胞（血小板）が詰まりを悪化させてしまうのを防ぎます。

2. 周囲に知らせる。

可能であれば、周囲の人に心臓発作を起こしていると伝えましょう。救急車を呼ぶよう頼んでください。

3. 心臓の酸素使用量を減らす。

すべての動きを止めてください。心臓が速く動くほど、酸素を消費してしまいます。心を落ち着かせることを思い浮かべ、1秒間に1回の心拍数を目指しましょう。秒針つきの時計があれば、秒針に意識を集中させるといいでしょう。

1秒おきに、静かに「鼓動」と繰り返し声に出してください。

4. 心臓への酸素供給量を増やす。

横になりましょう。脚を高く上げて、たくさんの血液を心臓に集めてください。こうすることで、血液を循環させようとする心臓の動きが穏やかになるはずです。室内の酸素レベルを高めるために窓を開けましょう。酸素ボンベが手に入るようであれば、鼻カニューレを鼻に当て、4リットル分まで（もしくは、鼻カニューレから酸素が出ていると感じられるまで）ノブを回してください。そして鼻からゆっくり深く息を吸いこんで、口から吐いてください。

5. 咳CPRを試みる。

呼吸をして、3秒おきに咳をしてください。鼻から息を吸いながら「鼓動、鼓動、鼓動」と頭の中で唱えます。そして咳をしてください。これの繰り返しです。咳をすることで気を失ってしまうのを防ぎ、医療従事者による処置が行われるまで、意識を保つことができます。

［プロの助言］

▶ 食べ物や飲み物を摂取しないこと。血管の詰まりを取り除くために手術が必要になる可能性があります。その際、食べ物や飲み物が体内にあると治療の妨げになる場合があります。

もしも後部座席で出産しなきゃならなくなったら

後部座席で出産しようと決心する前に、全力で病院に向かってください。赤ちゃんがいつ出てくるかなど、正確に計り知ることは不可能です。もう間に合わないと感じたとしても、病院まで辿り着く余裕が残されている可能性が高いです。破水したとしても、直ちに産まれるという意味ではありません。破水時に出る水は、胎児が包まれている羊膜を満たしている羊水です。実際に赤ちゃんが産まれてくるのは、破水から何時間もあとのことです。通常、胎児はそのときがきたら自らの力で産まれてきます。病院へ向かうのが遅すぎたり、渋滞にはまってしまったりした場合は、医師の力を借りずに出産することになるでしょう。下記が、一般的な流れになります。

1. 後部座席を整える。

乾いたタオルやシャツなど、何でもいいので母親の下に敷くための清潔な布類を用意してください。

2. 頭を支える。

胎児は子宮から出ると、体の中で最も大きなパーツである頭部で子宮頸部を押し開いて体が通りやすくします。胎児が産道を進んで子宮頸部から出ようとするのを、頭部と体を支えて導いてあげてください。頭部の動きをコントロールしてあげることで胎児がゆっくり進むため、母親の陰部が裂けてしまうのを防ぐことができます。

3. 気道を確保する。

呼吸させようと、赤ちゃんの背中を叩かないでください。自然に自力で呼吸してくれます。必要であれば、指を入れるか、赤ちゃんの頬を押して口内に入った体液を出してあげてください。

4. 赤ちゃんの体を拭いて、温かくする。

無事に産まれたら、体をしっかり拭いて温めてあげましょう。母親の肌で温めてあげるのが理想的です。この時点では、まだへその緒はつながっているのが正常です。

5. へその緒を結ぶ。

胎盤から赤ちゃんへ血液を送るため、出産から30秒待ってへその緒を結んでください。へその緒を縛るには、何かしらの紐を使ってください（靴紐を使うといいでしょう）。赤ちゃんから数センチ離れたところを結びます。病院に到着するまで数時間もかかる、という状況でもなければ、へその緒を切る必要はありません。万が一へその緒を切る場合は、最初の結び目から母親に数センチ近い部分も縛り、その間を切ることで安全に切り離せます。病院に到着するまで、へその緒に触らないようにしましょう。

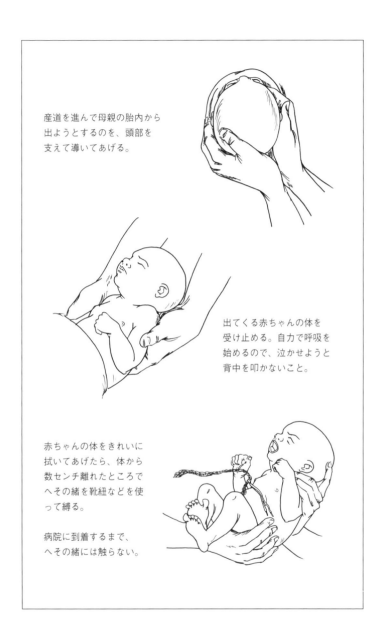

産道を進んで母親の胎内から
出ようとするのを、頭部を
支えて導いてあげる。

出てくる赤ちゃんの体を
受け止める。自力で呼吸を
始めるので、泣かせようと
背中を叩かないこと。

赤ちゃんの体をきれいに
拭いてあげたら、体から
数センチ離れたところで
へその緒を靴紐などを使
って縛る。

病院に到着するまで、
へその緒には触らない。

6. 胎盤に注意する。

通常、胎盤は出産後に排出されます。胎盤が自然に排出されない場合や、へその緒をやさしく引いても排出されない場合は、病院に到着してから排出してもらってください。母親のケアをしている間も、赤ちゃんの体温が下がらないように気をつけてください。

[プロの助言]

▶ 胎児の足や臀部が先に出てきた場合は、逆子出産になります。赤ちゃんの体は頭部が最も大きいため、体が出た後に頭部がつかえてしまう危険があります。昨今では、ほとんどの逆子出産は帝王切開にて行われます。逆子などの異常体位が生じていれば、医師による検診や超音波検査により、ほとんどの場合は前もって母親に伝えられています。こうした場合、（胎児と母親、両方にとって）最も安全な出産方法は、自力の出産を試みるよりも先に病院に行くことです。逆子出産は全体の3パーセントほどです。

もしも大地震に襲われたら

1. 屋内にいる場合は、その場に留まる。

▶ 重い机やテーブルの下に潜り、しっかりつかまってください。次に安全な場所は廊下か、部屋の壁沿いです。

▶ 安全な場所へ移動できない場合は、うずくまり、頭部と首を腕で守ってください。

▶ 窓、暖炉、重い家具や家電製品などから離れてください。

▶ キッチンは危険なので、すぐにその場を離れてください。

▶ 揺れが続いているときに慌てて下の階へ降りたり、建物の外へ飛び出したりしないでください。階段からの落下、ガラスなどの落下物が当たる、などの危険が考えられます。

2. 屋外にいる場合は、開けた場所に出る。

▶ 道の真ん中へ移動する。

▶ 建物、電線、煙突など、倒壊の危険があるものから離れてください。

避難すべき場所と避けるべき場所

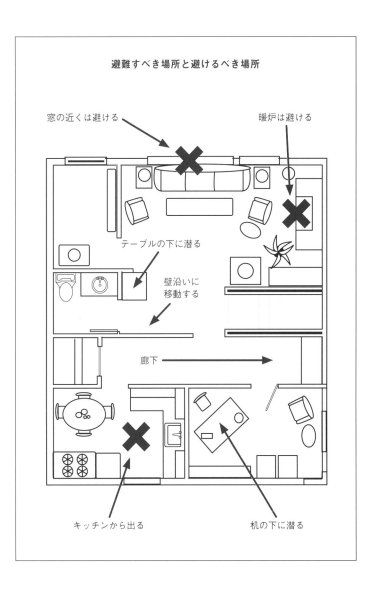

窓の近くは避ける

暖炉は避ける

テーブルの下に潜る

壁沿いに移動する

廊下

キッチンから出る

机の下に潜る

3. 車を運転している場合は、慎重に停車する。

▶ なるべくほかの車から離れたところに停めてください。

▶ 橋や高架交差路の下、木の下、信号機の下、電線の下、看板の下は避けてください。

▶ 揺れが収まるまでは車から出ないでください。運転を再開するときは、道路の裂け目、落石、橋近くの道路の隆起に注意すること。橋や高架交差路は通らないようにしましょう。

4. 山の近くにいる場合は、落下物に注意する。

落石、地滑り、木やそのほかの落下物に気をつけてください。

5. 揺れが収まったら負傷者の状況を確認し、救急箱や助けの必要な人を探す。

さらなる危険が迫っている状況を除いて、重傷者を移動させないでください。毛布などで負傷者を包み、助けを呼びましょう。

6. 頑丈で、底の厚い靴を履く。

可能であれば、足を保護してくれる靴に履き替えましょう。ガラスの破片やとがった落下物などで負傷する恐れがあります。

7. 危険要因を確認する。

▶ すぐに自宅や近隣住宅で使用している火を消す。

▶ ガス漏れ：パイプが破損していたり、ガスの匂いを感じたりしたら直ちに元栓を閉めてください。マッチやライター、ガ

スコンロやバーベキューセット、電気機器、家電製品は、ガス漏れの危険がないと確認できるまで使用しないこと。小さな火花でも、漏れたガスに引火すれば爆発や火災の原因になります。ガスの元栓を閉めたなら、開けるのはガス会社の職員に任せましょう。

▶ 破損した電気配線：切れて垂れ下がった電線や、電線に接触しているものには絶対に触らないでください。

▶ 漏洩<ruby>漏洩<rt>ろうえい</rt></ruby>：漂白剤、苛性アルカリ溶液、ガソリンなどの危険な薬剤が流出した場合は、速やかに拭きとってください。

▶ 倒壊、または破損した煙突：近くを通る場合は慎重に、そして破損した煙突は使用しないこと（火災の原因や、有毒ガスを家の中に逆流させてしまう危険があります）。

▶ 落下物：クローゼットや食器棚を開けるときは、中のものが落ちてくる可能性があるので注意してください。

8. 非常食と飲用水の在庫を確認する。

割れたガラスの近くに置かれていた開封済みの食料や飲み物には、口をつけないでください。停電している場合は冷凍食品や、傷みやすいものから食べるようにしましょう。冷凍庫で保管されている食料は、停電すると長くても数日しか持ちません。水道が止まっている場合は、給湯器、トイレのタンク（便器の水は飲まないように）、溶けた氷、果物や野菜の缶詰などから水分を得ることができます。プールや温泉の水は飲まないでください。

9. 余震に備える。

規模はわかりかねますが、余震が続く可能性があります。

［プロの助言］

▶ 携帯電話の使用は、医療手当が必要な場合や火災発生時に限ること。通信障害により、緊急の電話もつながらない可能性があります。通信が遮断されていたり、混み合っていたりする場合は近くにいる人に助けを求めましょう。

▶ 消防士、警察、救急医療隊員が直ちに助けにきてくれると思わないこと。すぐにきてくれるとは限りません。

▶ 建物に閉じこめられてしまったら、水道管など金属製のものを繰り返し叩いて音を出し、周囲の人に知らせてください。

もしもトルネードに襲われたら

徒歩で屋外にいる場合

1. **建物の中に入る。**

   一番近い建物——住宅、事務所、学校など——を探して避難してください。

2. **近くに建物がない場合は、地面に伏せて頭部を守る。**

   屋外にいるときにトルネードが発生し、近くに逃げこめそうな建物が存在しない場合は、溝や低平地に伏せて両手で頭部を守ってください。

車の中にいる場合

1. **車から出ないこと。**

   車外では身を守る術がありません。立っていることもできないでしょう。

近くに建物がない場合は、
溝などに伏せて頭部を守る。

2. 渋滞にはまっていなければ、近くの建物まで車を走らせる。

視界の開けた田舎道を走行中ならば、急いで近くの建物（地下室があれば理想的）まで車を走らせて避難してください。

3. トルネードの軌道から抜ける。

近くに何もない場所で視界が開けている場合は、トルネードが目視できるはずです。その動きを予想しましょう。自分に向かってきていたら（自分から見て左右に移動することはありません。大きくなっていくだけで、移動しない場合もあります）、南の方角へ急いで車を出してトルネードの軌道から出てください。北の方角へ進んでしまうと、高確率で大雨や巨大な雹に降られることになります。

4. 後部座席に隠れる。

渋滞で移動できない場合や、大雨で視界が遮られてしまった場合などは、後部座席に移動して窓から離れていましょう。床に寝そべり、胎児のように体を丸めてください。ものかげや溝に隠れようとして車から出ないこと。風にあおられて飛んできたものにぶつかる可能性があります。今まで自分が乗っていた車が飛んでくる可能性もあります。

地下室つきの頑丈な住宅にいる場合

1. 地下室、またはシェルターに避難する。

必ずドアを閉めること。

2. 窓には近づかない。

3. 靴は脱がない。

ガラスの破片、釘、木片などを素足で踏むのは危険です。

4. 持っていれば、スポーツ用のヘルメットを装着する。

5. マットレスかテーブルの下に隠れる。

家具などが飛んでくる場合があるので身を守ってください。

[プロの助言]

▶ 気圧を均等にしようとして窓を開けないこと。窓を閉めていても住宅は密閉されません。窓を開けることで風が入りこみ壁が崩壊してしまう恐れがあります。

地下室のない住宅にいる場合

● **内側の部屋に移動する。**

建物の中で、最も内側の部屋にいましょう。トルネードと自身の間になるべく多くの壁を挟むことで、浮遊物から身を守ってください。絶好の避難場所はお風呂場です。パイプ類が壁を強化し、安定性が高いためです。

学校、職場などの、地下室はないが頑丈な建物にいる場合

● **1階にある最も内側の部屋に移動して窓から離れておく。**

講堂や体育館は避けましょう。過去の事例から見ても、こうした建物の屋根は真っ先に飛ばされてしまいます。

強風に耐えうるようには設計されていない建物にいる場合

● 直ちに走って逃げる。

納屋や移動式住宅（トレーラーハウス）など、耐久性の低い家屋にいるときにトルネードが接近している場合は、すぐにその場を離れて近隣の頑丈な建物に避難してください。歩いて、または走って逃げられる距離であることが望ましいです。

[プロの助言]

▶ 頑丈な建物まで安全に辿り着けるかどうか、車を発進させる前によく考えてください。トルネードが遠く離れている場合、自分がその軌道内にいるかどうかを判断するのは基本的に不可能です。通常、警戒エリアは約500平方キロメートルとなっており、大勢が避難しようとしたことで渋滞が発生したところにトルネードが襲来して死亡者が出てしまうことが多いです。

▶ ほとんどのトルネードは発生から数分で消滅します。移動速度は時速約50キロで、被害が予想されるのは周囲数キロの範囲のみです。

▶ トルネードが発生する予想は嵐が訪れる数分前に発令されることが多いですが、ハリケーンの場合はより早く警報が発令されるので余裕を持って避難できます。在住地域にハリケーンによる避難警報が発令された場合は、身を守るために指示に従って避難してください。

もしも電線が
切れて落ちてきたら

荒天時には、高圧配電線が切れて落ちてくる可能性があります。

車内にいる場合

切れた電線や電柱に車が接触している場合は、速やかに助けを呼んでください。救助が到着するまで、絶対に車外に出ないこと。

1. **車外に出る必要がある場合はドアを開ける。**

   火災や怪我などの理由で救助の到着を待っていられない場合は、ドアを開けてください。体が車に触れている間は、地面に体をつけないように注意してください。

2. **飛び降りる。**

   まず、車から飛び出すために、座席の上で体勢を整えてください。両腕はまっすぐ前方に伸ばして車から離しておき、両足で地面に着地すること。このあとの流れは、次の手順を参照してください。

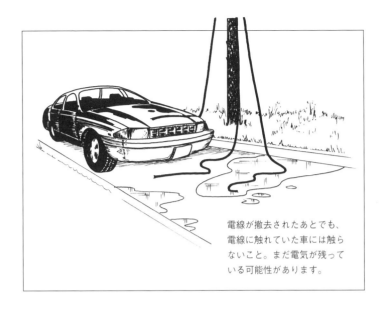

電線が撤去されたあとでも、電線に触れていた車には触らないこと。まだ電気が残っている可能性があります。

歩いている場合

1. **何も触らない。**

すべての電線に電気が流れていると思ってください。電線から火花が出ていなくとも、ブーンと音が鳴っていなくとも、身をくねらすように"踊って"いなくとも、切れた電線（また、電線が触れているもの）には近寄らないでください。

2. **ゆっくり立ち去る。**

電気は、切れた電線が接している地点からどの方向にも流れます。電線が接している地点から離れれば離れるほど、電圧は低くなっていきます。両足を引きずるように、靴底を地面から離さないようにして移動してください。

3. 走らない。

走る、大きな歩幅で歩くなどの行動は、両脚で電圧が異なる原因となり、体に電気が流れてしまう可能性があります。大怪我を負うか、最悪の場合は死に至ります。

[プロの助言]

▶ 電気が流れるのは導電性の物質です。たとえば水、金属、木、アルミニウム、糸、プラスチックなどです。

▶ 地面が水で濡れている場合は特に注意してください。電気をつなぐルートとなってしまいます。

▶ 高圧配電線の近くに配置され、電気を蓄えたプラスチックから感電することもあります。感電するのは、必ずしも電力に接触している場合のみに限りません。

▶ 電線に接触していた車には、その後も触らないこと。電気が残っている可能性があります。

▶ 火花が散っていない電線は安全などと思わないこと。電力は自動化設備によって蓄えられており、"死んだ"ように見える電線にも危険が潜んでいるかもしれません。電線ではない配線が垂れ下がっていても、触らないでください。落下する途中で電線に接触し、配線自体が非常に高温になっている可能性があります。

▶ 万が一感電している人がいても、直接手を触れないでください。助けようとした人まで感電してしまいます。おとなしく救助を呼びましょう。

もしも草地で火事が発生したら

草地で火事が発生した際に最も安全な場所は、既に燃え尽きてしまった場所です。消防士は、ここを"ブラック"と呼びます。もしもブラックにいる場合、そこから移動するかどうかは慎重に決断してください。

1. 風向きを確認する。

炎から出る煙を見て、どの方角に風が吹いているのかを見極めてください。できるだけ上空の煙を確認するようにしてください。地形や高熱となった地面の影響を受けにくくするためです。炎の上でもくもくと渦を巻く煙に注目してください。渦が確認できた場合は、巨大な火災旋風が発生する可能性が高く、火元とは別に移動する危険性があります。

2. 傾斜地を探す。

可能であれば、坂の下へ身を潜ませましょう。草地での激しい火事により発生した熱い空気の塊は上昇します。炎は上り坂ほど早く燃え広がり、さらに高温になる傾向があるため、高地ほど発火しやすく危険なのです。低地は湿度を溜めこみやすく、燃えやすい植物も少ない傾向にあります。

3. 防火帯を探す。

移動しながら防火帯を探してください。舗装道路や砂利道、林野部によって皆伐された区域、大きな石がひしめいている区域、池などの水源がある区域などが防火帯に該当します。救助が到着するまで、熱や炎から離れて安全に待つことができるかもしれません。地面から突出している大きな岩でも、炎が発する熱から守ってくれる場合があります。

4. 生木を探す。

大きな木は雑草や低木よりも多くの水分を蓄えているため、防火帯に辿り着けない場合の避難場所になり得ます。とはいえ、深刻な干ばつ地域では木が乾燥しており可燃性が高いので危険です。

5. すばやく移動する。

風にあおられた草地での火事や上り坂で発生した炎は、人間が走る何倍という速度で燃え広がります。可能であれば車で移動しましょう。車が手に入らなくて炎に追いつかれてしまいそうな場合は、露出している肌を乾いた衣服で覆ってください。そして炎の先端を通り抜けて既に燃え尽きてしまった場所へ出るための安全なルートを探します。

6. 塹壕を掘る。

炎に囲まれて逃げ道を失ってしまった場合は、周囲の地面にくぼみを探してください。坂になっている部分に穴を掘り、シートやブランケットで覆います。その上から土を被せてください。その後、シートやブランケットの隙間から穴の中に入ります。または1メートルほどの穴を掘って炎のほうに足を向けて横たわり、自らの体を土で覆います。

空気穴を開けるのを忘れないでください。そのまま炎が通りすぎるのを待ちます。入り口が丘の下を向いている穴に逃げこむのは避けましょう。熱い空気や炎が流れこんでくる可能性があります。

［プロの助言］

▶ 濡れた布で口元を覆わないこと。山火事のように加熱状態の空気に囲まれた状況では呼吸が困難になる、もしくは不可能になる場合があります。また、乾いた熱い空気よりも湿った熱い空気のほうが肺にダメージを与えやすいです。

▶ 最も冷えた空気が手に入るのは、地面の近くです。炎に囲まれて数秒の猶予しかない場合には、迫りくる炎に足を向けて顔を地面付近まで下げてください。顔が入るだけの小さな穴を掘れば、そこで呼吸ができます。コートや余分な衣服で背中を覆ってください。

もしも堤防が決壊したら

1. 速やかに高所へ避難する。

渓谷、放水路、小川や川の周辺などの低平地から水没していきます。

2. 耳を澄ませる。

狭い道を猛スピードで流れてくる水は、ジェットエンジンや貨物列車のごとく轟音を響かせます。大きな音が継続的に聞こえているのは、洪水が目前まで迫っている証拠です。

3. 水分を多く含んでいる土地を避ける。

水分を多く含む地盤は、それ以上水を吸収する余裕などありません。湿った大地や濡れた大地に立っている場合は、乾燥した場所へすぐに移動してください。とはいえ注意が必要なのは、しっかり固められた砂や泥の大地でも、水を吸収する余裕がない可能性があることです。砂漠地帯の枯れ川などは特に危険です。雷が聞こえた場合は、たとえ今いる場所が荒天ではなくとも移動してください。

4. 隠れ場所を探す。

開けた場所は避けましょう。頑丈な建物を探してください。

鉄筋コンクリート造りで、３階建て以上の建物が好ましいです。行ける限りの最上階まで上ってください。屋根も含みます。ただし、屋根に通じていない屋根裏に逃げるのは避けてください。移動式住宅、基盤が頑丈でない建物、車などは、ほんの15センチほどの水が激流となって押し寄せるだけで流されてしまいます。

5. 流れてくる瓦礫に気をつけること。

洪水の水には──たとえ水深は浅くとも──瓦礫などが紛れている危険があり、足元をすくわれるかもしれません。また、水には危険な化学薬品が流れ出している可能性もあります。流れている水を横切る必要がある場合は、腕を組み合って人間の鎖を作るか、命綱をつけるようにしてください。

6. 救援信号を出す。

携帯電話を使うか、布や服を振って助けを呼んでください。

もしも津波に襲われたら

津波とは、極めて高くて長い波が海から押し寄せてくることです。地質上の異常（地震、海底火山の噴火、地滑りなど）や、気圧の急激な変化によって引き起こされます。これを気象津波と呼びます。こうした原因により数百キロ、ときには数千キロも離れた場所で津波が発生することもあるのです。波の高さは15〜30メートルにも及ぶことがあります。

1. **海の近くにいる場合は、津波発生の前兆を見落とさない。**

   海水面の上昇、もしくは下降 海底がむき出しになるほど、沿岸部の海水が思いきり引くことがあります。このように、急激に海水が引いていくのは津波の前兆です。この時点で、津波の規模を推測することは不可能です。

   地面の揺れ 地震が発生したからといって、必ずしも津波がくるわけではありませんが、海の近くでは警戒するべきです。ブイによる津波警報システムの装置が設置されているとも限りませんし、正確に機能しない場合もありますので、避難の準備をしておきましょう。地震から数分で津波が到達する場合と、数時間後に到達する場合があります。

絶えず轟音が聞こえる　海の深い場所から大きな波が浅瀬までやってくる際、まるで貨物列車のような轟音を伴います。しかし、塔のようにそびえ立つ波は、遠くからではその高さが伝わらないうえに、海岸線の地形によって急激に高くなることもあります。入り江の狭い港は特に危険です。波が見えてからでは、走って逃げる時間はないと思ってください。

2. 小さな港でボートに乗っているときに津波警報が発令された場合は、速やかに移動する。

1つ目の選択肢は、ボートから降りて高台へ避難することです。2つ目は岸から離れた場所までボートを走らせることです。海岸近くにいると、波止場や陸地まで流されて乗り上げてしまう可能性があります。津波は深いところから浅瀬へ流れる際に被害を及ぼします。浅瀬では、波が互いにぶつかり合うためです。ただし、深い海域だから必ず安全ともいえません。生きのびるには、水の深さ、津波の高さ、地形など、さまざまな条件を熟慮したうえでの判断が求められます。

3. 陸地にいる場合は、すぐに高台へ避難する。

高台への避難を直ちに開始してください。津波から身を守るには、最低でも海抜約9メートル以上の高台へ逃げる必要があります。津波は人間が走るより速い速度で迫ってきます。早急に、海岸線地帯から離れましょう。港や川なども急激に水流が増える危険性がありますので、近寄らないこと。

4. 高層のホテルやマンションにいて高台への避難が難しい場合は、高層階へ上がる。

高層ビルの上階は安全な避難場所となり得るでしょう。避難しようとする人々でごった返した道を行くより、鉄筋コンクリート造りの建物の3階（もしくはそれ以上）に逃げたほうが安全かもしれません。建物の最も長い部分が、海岸線に対して平行ではなくて直角になる建物を選んで避難してください。

［プロの助言］

▶ 最初に到達した津波よりも大きな津波が、その後押し寄せてくることもあります。

▶ 海につながっている川や水路を、津波が逆流してくる可能性もあります。

▶ 津波は内陸部まで約300メートル以上にも広がることがあり、広範囲にわたって水や瓦礫が押し寄せてくるでしょう。

▶ 津波と高潮が混同されることがよくありますが、まったくの別物です。高潮は津波と違い、重力によって潮が満ち引きすることで発生します。そのため"高潮"と呼ばれているのです。

もしも新型ウイルスやインフルエンザが流行したら

感染していない場合

1. 予防接種は、できるだけ受ける。

100パーセント予防できるわけではありませんが、予防接種を受けておけば感染しても回復までの期間が短縮でき、重症化も防げます。

2. 人との接触を避ける。

感染者が症状を自覚する前に、ウイルス感染を拡大させている可能性があります。

3. 家の中にいる。

家で過ごせば、ウイルスを媒介する人や物との接触を抑えられます。

4. **無闇に触らない。**

   多くのウイルスは、空気感染ではなく、人の手を介して感染者を増やしていきます。平均的な大人は、1分間に30個のものに触れます。子供は3分おきに自身の鼻や口を触ります。何も対策をしなければ、インフルエンザウイルスの感染力は数時間も持続するといわれています。

5. **手袋を着用する。**

   どうしても外出しなければならないときは、手袋を着用しましょう。使い捨て手袋の場合は、非感染エリアに着いたら捨ててください。それ以外は熱湯で洗濯しましょう。

6. **手術用マスクを着用する。**

   マスクの着用で、空気中に漂うインフルエンザウイルスによる感染リスクを減少できます。住居や病院などの閉鎖的な空間では特に有効です。とはいえ、インフルエンザは空気感染ではあまり広まりません（手順4参照）。

7. **保護マスクを着用する。**

   N95マスク（ホームセンターなどで販売されています）を正しく着用すれば、手術用マスクよりも効果的にインフルエンザ感染を防げます。しかし熱がこもり、不快感を覚えるでしょう。N95マスクは肌にぴたりと密着させて使用するためです。どんなタイプのマスクでも、一度使用したマスクは必ず捨ててください。マスクの着用で、ウイルスが口や鼻に触れてしまうのを避ける効果もあります。

8. **手洗いを習慣づける。**

   ぬるま湯と石けんで15～20秒ほどの手洗いが、最も有効な感染予防です。手を洗えない状況下では、アルコール消毒を。

接触を最低限に抑える。

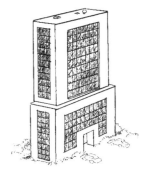

子供たちが集まる場所を避ける。

空気を再循環させている施設を避ける。

咳をするときは肘を口に当てる。

タオルは共有しない。

日用品を消毒する。

ドアノブ

電気スイッチ

蛇口

感染してしまった場合

1. **自宅から出ない。**

   解熱剤を服用せずに熱が下がってから、最低でも24時間が経過するまでは自宅にこもっていること。

2. **症状を観察する。**

   インフルエンザの主な症状は、発熱、咳、喉の痛み、鼻づまり、鼻水、体の痛み、頭痛、悪寒、倦怠感です。嘔吐や下痢をする場合もあります。

3. **水分を摂取する。**

   こまめに水分を摂りましょう。大人の場合は1日に約1.8リットルの水かスープを飲むのが好ましいとされています。過剰に水分を摂取してしまうと血中のナトリウム値が低下し、低ナトリウム血症を引き起こす可能性があるので注意すること。

4. **抗ウイルス薬を服用する。**

   症状を緩和させるため、医師より抗ウイルス薬が処方されることがあります。インフルエンザ感染の初期段階で服用すると、最も高い効果が期待できます。

5. **病院に行くことを頑なに拒まない。**

   新型インフルエンザは、入院を必要とする合併症を引き起こすこともあります。合併症の症状には、息苦しさ、息切れ、胸部や腹部への圧や痛み、目眩、精神錯乱、激しい嘔吐を繰り返すなどがあります。

もしも核爆発で
被爆しそうになったら

1. 爆弾の種類を調べる。

空中で爆発する核爆弾（エアバースト弾）より、地上で爆発する核爆弾のほうが放射性落下物の危険性が高いとされています。

2. 平静を保つ。

地上で核爆弾が爆発した場合、爆心地から離れれば離れるほど放射性落下物に晒される危険が減少します。しかし風下の屋外にいる場合は、数キロ離れていても放射性物質に晒される危険があります。

3. 風向きを読む。

放射性物質は卓越風に乗って広がっていきます。爆心地から約16キロ以内の風下にいる場合は、直ちに卓越風を避けるように避難してください。しかし、屋外へ出ても絶対に安全だと言いされる場合にのみ避難を開始すること。細く切ったティッシュペーパーを、頭上に放り投げてみましょう。流されていった方角が卓越風の風向きです。

4. シェルターを探す。

屋内にいる場合は、外に出ないでください。屋外にいる場合は近くの建物を見渡してください。その中で最も大きくて頑丈な建物に避難しましょう。石造りやレンガ造り、またはコンクリート造りの建物が望ましいです。ドアや窓は閉めておくこと。木造の建物は避けましょう。

5. 地下室へ避難する。

地下室がない場合は、建物の中心部にいてください。壁や天井からは可能な限り離れておくこと。

6. 線量計を確認する。

放射線は無味無臭なため、特別な装置を使用しない限り感知できません。放射線量を測定する線量計がある場合は、こまめに数値をチェックしましょう。1時間で100ラドの放射線を浴びると、1日足らずで致命的な放射能中毒を引き起こします。

7. 飲用水や食料は計画的に消費する。

少量ずつ飲んだり、食べたりしましょう。必要となれば、2日ほどで避難することになるので、大量の備蓄は不要です。トイレのタンクの水は飲んでも問題ありません。便器の水を飲むのはやめましょう。

8. 緊急の指示があるかもしれないので、ラジオを聴いておく。

攻撃や政府の対応の詳細は数時間で明らかにされるでしょう。屋外へ出ても安全だと判断されればその旨が発表されますし、避難が必要であれば安全なルートが指示されるは

ずです。

[プロの助言]

▶ 放射線は時間が経つにつれて減少します。多くの放射性粒子は"７の法則"と呼ばれるルールに則り減っていきます。爆発から７時間ごとに放射性粒子の数は10分の１になります。爆発から２日後には100分の１になり、２週間後には1000分の１にまで減少するといわれています。

もしも熱中症になったら

熱中症の主な症状として、大量の発汗、倦怠感、目眩、精神錯乱、筋肉のけいれんが挙げられます。そのほかの症状には、色の濃い尿（黄色、または茶色）、心拍数の増加などもあります。下記の手順を参考にしてください。

1. **すべての活動を中止する。**

   日陰や涼しい場所で座って休んでください。気絶してしまっても、座っていれば倒れて負傷する危険を軽減できます。

2. **きつい服を脱ぐ。**

   風通しをよくして体温を下げます。

3. **体を冷やす。**

   最も手早く体温を下げる方法は、全身を冷水に浸すことです。体温より温度の低い水であれば効果は得られますが、冷たければ冷たいほど理想的です。水に浸かれない状況下では、着用している服を濡らすか、濡らした布で体を冷やしてください。

4. 風を送る。

自分自身をあおいで風を送ってください。自分であおぐのが困難であれば、近くにいる人に頼みましょう。雑誌、本、地図、帽子、衣服などをうちわのように使用することもできます。速くあおぐことで皮膚の表面から汗が蒸発し、体温が下がります。

5. ゆっくり水分を摂る。

水を一口ずつ飲んでください。ごくごくと一気に飲まないように注意しましょう。ミネラル不足に陥っているので、可能であればバナナや経口補水液などで補ってください。

6. 排尿する。

排尿して腎臓の働きを正常に戻します。応急処置を続けながら、可能であれば冷房の効いた部屋へ移動してください。

もしも凍傷になったら

凍傷とは、著しい低温下で皮膚細胞の水分子が凍結してしまう症状をいいます。皮膚は白くなり、ロウのように硬く、感覚が失われるのが特徴です。症状が深刻になると、青みがかった黒に変色し、さらに重症化すれば壊疽を引き起こして切断せざるを得ない場合もあります。凍傷になりやすいのは、指先や爪先、鼻、耳、頬などです。凍傷になったら、必ず医師の診察を受けてください。緊急を要する場合は、医師の治療を受ける前に下記の応急処置を行ってください。

1. **濡れた服を脱ぐ。**

   患部を乾いた服で温めてください。

2. **患部をお湯に浸ける。**

   約37〜40度のお湯に浸けるか、温湿布を貼ってください。

3. **お湯が手に入らない場合は、毛布でやさしく包む。**

4. **直接温めないこと。**

   電気ヒーター、ガスストーブ、温熱パッド、湯たんぽなど
   で患部を直接温めると、火傷や細胞組織の損傷につながり
   ます。

5. **再凍結の恐れがある場合は、患部を溶かさない。**

   細胞組織に深刻な損傷を与える結果となり得ます。

6. **患部をさすらない。**

7. **患部を温める際の痛みを軽減するため、鎮痛剤を服用
   する。**

   患部を温めると、焼けるような痛みを感じます。皮膚には
   水ぶくれができ、やわらかい細胞組織は腫れ上がるでしょ
   う。皮膚は赤、青、紫などに変色します。皮膚がピンク色
   になり感覚が戻ってきたら、凍っていた患部が溶けた証拠
   です。

8. **消毒した包帯で患部を覆う。**

   凍傷を負った指先や爪先を包帯で覆ってください。水ぶく
   れを潰さないように注意しながら、再び患部が凍結してし
   まうのを防ぐために温めた患部を包みます。患者は、患部
   をなるべく動かさないこと。

9. **早急に医師の治療を受ける。**

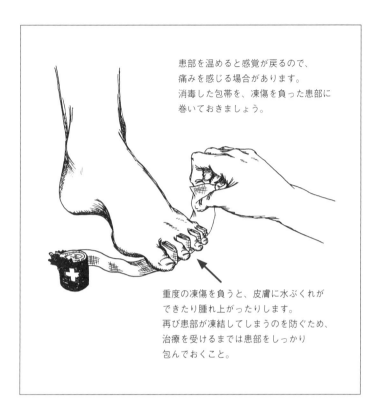

患部を温めると感覚が戻るので、
痛みを感じる場合があります。
消毒した包帯を、凍傷を負った患部に
巻いておきましょう。

重度の凍傷を負うと、皮膚に水ぶくれが
できたり腫れ上がったりします。
再び患部が凍結してしまうのを防ぐため、
治療を受けるまでは患部をしっかり
包んでおくこと。

軽い凍傷の場合

軽い凍傷は、本格的な凍傷になる前兆です。感覚がなくな
り、患部が青白く変色するのが特徴です。外部からゆっく
り温めることで治療できます。

1. 濡れた服を脱ぐ。

2. **患部をお湯に浸ける。**

   約37〜40度のお湯に浸けるか、暖かい空気に晒してください。

3. **患者にお湯や空気の温度調節をさせない。**

   患部は熱を感じにくくなっているため、火傷を負う危険があります。

4. **患部がピンク色になり、感覚が戻るまで温める。**

凍傷にならないために

▶ 寒冷地では、体を温めること。特に手足の先は何層にも布を巻くなどして対策をしてください。コットン素材の布は、濡れたり汗をかいたりすると体温を奪う作用があるので避けます。

▶ 肌の露出を避け、こまめに水分を補給する。

▶ ミトン型の手袋は、五本指のものより保温効果が高いです。

▶ 血液の循環を妨げないよう、きつい履き物は避けましょう。

もしも脚を骨折したら

脚の負傷で最も多い症状は捻挫ですが、捻挫も骨折も応急処置の方法は同じです。

1. **肌が裂けている場合は、絶対に触らないこと。傷口には何も貼らない。**

   感染症を防がなくてはなりません。傷口から多量の出血が確認できる場合は、消毒済みの包帯や清潔な布を傷口に押し当てて止血してください。

2. **負傷した脚は動かさない。**

   負傷した箇所に添え木をして固定しましょう。

3. **同じ長さの丈夫な添え木を2つ用意する。**

   木、プラスチック、折りたたんだ段ボールなどを添え木にします。

4. **患部の上下まで覆う長さの添え木を脚に当てる。**

   脚の下に添え木を当てます。痛くて動かせない場合は、側面に当てましょう。患部の上下にある関節が動かないように固定するのが理想的です。

5. **添え木を固定する。**

紐、ロープ、ベルト、破った服などを使用して結んでください。

6. **きつく結ばないこと。**

血液の流れを止めてしまう可能性があります。ロープや布の間に指が 1 本入る余裕を持たせておきましょう。添え木を当てた部分の皮膚が青白く変色していたら、すぐに結び目を緩めてください。

7. **患者を仰向けに寝かせる。**

血液の循環を促し、ショック状態に陥るのを防ぎます。

骨折、捻挫、脱臼の症状

▶ 動かせない、または動きに制限がある。

▶ 腫れる。

▶ 患部に痣ができる。

▶ 感覚がなくなる。

▶ 多量の出血。

▶ 皮膚から折れた骨が突き出る。

負傷した脚は動かさない。

同じ長さの木、プラスチック、
折りたたんだ段ボールなどを
用意する。

添え木で患部を挟む。

紐、ロープ、ベルトなど、
その場にあるもので添え木を縛る。

きつく縛りすぎないこと。
指が1本入る余裕を持たせ
ておく。

避けるべきこと

▶ 怪我の様子を確認しようとしたり、傷口を洗おうとしたりして患部を押さないこと。感染症の原因になります。

▶ 患者を不必要に移動させないこと。応急処置をしたら、助けを呼びに行きましょう。

▶ どうしても患者を移動させなければならない場合は、患部がしっかり固定されているか確認すること。

［プロの助言］

▶ 折れた骨を動かしたり、元に戻そうとしたりしないでください。激しい痛みを伴ううえに、怪我を悪化させてしまう恐れがあります。しかし、裂けた傷口から出血が止まらない場合は、飛び出した骨を元の位置に戻すことで命が助かることもあります。

もしも銃やナイフで傷を負ったら

銃弾やナイフなどの武器は、命に関わるような大量出血や損傷の原因となります。外出血をしていても、速やかに対処することで命を救うことができますが、素人には手に負えない場合もあります。直ちに病院へ搬送して治療を受けてください。

1. **ナイフなどが刺さっている場合は、取り除かない。**

   ナイフが血管をふさいでいる場合があるためです。取り除いてしまうと出血量が増えてしまいます。

2. **技術を組み合わせて外出血を抑える。**

直接、圧をかける。

手足や頭部の出血は、患部を直に押さえて止血します。

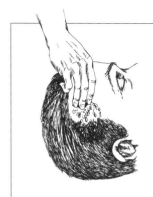

出血している箇所を直接押さえる。
頭部の場合は、手のひらで圧迫する
よりも指先で行うほうが効果的です。
出血している細動脈（細い血管のこと）
を押さえましょう。

▶ 清潔なガーゼや布で患部を押さえ、少なくとも数分間は圧迫
し続ける。

▶ 手元にあれば、消毒済みの手袋を着用しましょう。

▶ 目は圧迫しない。

▶ 胸部や腹部の出血は圧迫しても止まりません。「胸部を負傷
した場合」（318ページ）を参照してください。

▶ 傷口にナイフなどが残っている場合は、取り除かずに、傷口
を左右から圧迫し続けてください。

手足を上げる。

▶ 手足を負傷した場合は、心臓よりも高い位置に持ち上げてく
ださい。患部の血圧を下げて出血量を減らすためです。

▶ 多量の出血により、患者がショック状態に陥るかもしれませ
ん。意識レベル低下のサイン──速くて弱い脈拍、青白いま
たは冷たい肌、速くて浅い呼吸──を見逃さないようにして
ください。その場合は、患部を上げたまま、患者を横たわら
せてください。

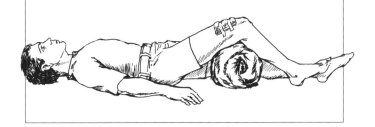

手足を負傷した場合は、血圧を利用して止血できます。患部を
上げておきましょう。感染症を防ぐため、傷口は覆っておくこと。

止血点

患部を直接押さえても出血が止まらない場合は、傷口に血
液を送っている動脈を押さえましょう。下記を参考にして
ください。

▶ 　上腕動脈は上肢に血液を送っています。上腕の内側、脇のす
　　ぐ下を触ると脈が打っている箇所があります。そこを2本か
　　3本の指で、しっかり押さえてください。

▶ 　大腿動脈は下肢に血液を送っています。脚の付け根にある動
　　脈を押さえましょう。寛骨と恥骨の間で、脈が打っている箇
　　所を探してください。同時に、出血している箇所を直接押さ
　　えると効果が増します。

▶ 　出血量が減っているか確認してください。患部の圧迫は続け
　　たまま、動脈を押さえていた指をゆっくり離してみましょう。
　　指を離したときに出血量が増えたら、正確に動脈を圧迫でき
　　ている証拠です。

止血帯

▶ ベルト、または約5センチ幅の布を硬い素材の棒などで巻き上げるようにして、負傷した手足をきつく縛って血流を止めます。詳しくは「もしも手足を切断しなきゃならなくなったら」（83ページ）を参照してください。

▶ 上腕や大腿の真ん中を止血帯で縛ります。負傷者が大柄な場合、特に大腿部を負傷している場合は、止血帯が2つ必要になるかもしれません。

▶ 銃撃や爆発で負傷した場合は、手足のなるべく上部を縛ってください。銃弾や爆弾の破片が、手足の傷口よりも上部へ移動している可能性があるからです。

3. 負傷した患部は動かさない。

添え木を当てて手足を固定し、怪我が悪化するのを防ぎましょう。患部を動かすのは、凝固過程の妨げにもなります。

4. 傷口を覆う。

きれいな水で洗浄した傷口を清潔な布で覆い、感染症を防ぎます。
止血剤や絆創膏などを使用できれば、凝固過程を促進する効果が得られます。止血剤などを使用した場合でも、傷口は5分間圧迫し続けてください。

胸部を負傷した場合

開放性胸部創、またの名を"吸いこみ"胸部創と呼ばれる損傷です。吸いこんだ空気が気管に入らず、傷口から漏れ出てしまうため、必死に息を吸おうともがく音がすることが由来です。高速で撃ちこまれた物体が、胸部に気管と同じ大きさの穴を開けることが原因で起きる現象です。胸部の穴をふさがなければ、負傷者は命を落とします。

1. 傷口周辺を拭く。

濡れていたり、血液が付着していたりするとテープが剥がれてしまいます。

2. 負傷者が息を吐くのを待つ。

負傷者が吐き出した空気が肺の周辺に溜まると呼吸が困難になりますので、その前に胸部の穴をふさいでください。

3. 負傷者の胸部を包む。

気密性の高いプラスチック素材のものを使用しましょう。食品用のラップ、大きめのレジ袋など、密閉できるもので傷口を覆ってください。プラスチックの3辺をテープで貼りつけ、空いている1辺から空気と血液が流れるようにしましょう。

4. 負傷者の呼吸を観察する。

呼吸が苦しそうであれば、胸部からプラスチックを外して空気を出してください。

［プロの助言］

▶ 病院へ搬送する間、負傷している側を下にして負傷者を横たわらせ、無事なほうの肺で呼吸をさせてください。

専門家と情報源

クリス・アーレンス YouTube チャンネル「Lockpicking Heaven's Gate」の制作者。
www.youtube.com/c/chrisahrenslhg

マルセル・アルテンブルク 10年以上、英国の国防軍の大将を務めた人物である。歩兵隊、特殊歩兵隊、戦車隊の司令官としても国に仕えていた。英国のマンチェスターメトロポリタン大学では、「群衆の安全と危険分析」のコースで学んだ。

アリゾナ四輪駆動クラブ
www.asa4wdc.org

フィリップ・バウム グリーン・ライト社の最高経営者であり、英国航空会社の安全保障コンサルタント業務も行っている。『Aviation Security International』の編集者であり、著書には『Violence in the Skies: A History of Aircraft Hijacking and Bombing』がある。
www.avsec.com

リッチ・バーキー医学博士 オレゴン州ポートランドの外傷センターに救急医として20年以上勤めた経歴を持つ。

ジェフ・ビグハム　カーネギーメロン計算機科学大学のヒューマン・コンピューター・インタラクションと言語技術の准教授。
www.jeffreybigham.com

ボブ・ブラウン　元スタントマンであり、スタントの進行係も務めていた。高所からの落下が専門。プロの高飛び込み選手、体操選手でもある。
www.brandxstunts.prg

カート・ブールマン博士　ジョージア大学のサバンナリバー生態学研究所で上級研究教授を務める保全生態学者。絶滅危惧種や希少な両生類と爬虫類の保護に力を入れている。

ブレット・バトラー　米国農務省林野部で研究を行う機械工学士。市民や消防士の安全を守るため、森林火災の研究に力を入れている。
www.firelab.org

クリス・カソ　元スタントマンで、全米体操チームのメンバー。『バットマン＆ロビン Mr.フリーズの逆襲』、『バットマン フォーエヴァー』、『ロスト・ワールド／ジュラシック・パーク』、『クロウ』など多くの映画で高所からの落下スタントを披露している。

アメリカ疾病対策予防センター（CDC）

コールマン・クーニー　「California Academy of Tauromaquia」（闘牛士を育成する学校）の設立者。

リチャード・G・コス　カリフォルニア大学デービス校で心理学を教えていた元教授。特に捕食動物の探知能力と認識能力に特化して、あらゆる種族の捕食動物と非捕食動物の関係を40年にわたり研究してきた。

ジム・ダーリントン　フロリダ州の「セントオーガスティン・アリゲーター・ファーム・アンド・ズーロジカル・パーク」で爬虫類館の館長を務めている。
www.alligatorfarm.com

クリス・デイビス医学博士、熱帯薬および衛生学修士　オンライン診療を提供するUCHealthの医長。コロラド医科大学の救急医療学部で准教授も務めている。

ベラ・デパウロ　『The Psychology of Lying and Detecting Lies』の著者。欺瞞に関する記事を『ニューヨーク・タイムズ』や『ワシントン・ポスト』に寄稿したり、学術論文を発表したりしている。カリフォルニア大学サンタバーバラ校で講義を担当している。
www.belladepaulo.com

『The Desert Survival Guide』（砂漠でのサバイバルガイド）
アリゾナ州フェニックスの広報紙

"山男"メル・デュース　SEREのインストラクターとして軍に仕え、30年にわたりサバイバル技術を教授してきた。
www.youwillsurvive.com

グラハム・ディクソン　ダイビング指導機関（PADI）でスキューバダイビングのインストラクターを務める。カナダのトロントとイカルイトを拠点としたダイビング会社「アークティック・キングダム」の代表取締役でもある。

マイク・ドンリン ワシントン州の学校安全センターの教科主任を務める。児童や保護者を対象に、学校で起こりうる危険に対する対処法を、オンライン、オフライン両方で伝授している。
www.k12.wa.us/SafetyCenter

アメリカ合衆国連邦緊急事態管理庁（**FEMA**）

アナ・ファイゲンバウム博士 『Tear Gas: From the Battlefields of World War I to the Streets of Today』の著者。イギリスのボーンマス大学でデジタル・ストーリーテリングを教えている。
www.annafeigenbaum.com

クレイグ・フェレイラ 南アフリカのホホジロザメ研究施設の元取締役で、「White Shark Africa」の創設者でもある。ホホジロザメの専門家で、特にサメが見せる複雑な習性に強い興味を持っている。著作に『The Shark』、『Great White Sharks on Their Best Behaviour』、『The Submarine』などがある。

ジム・フランケンフィールド オレゴン州コーバリスに拠点を置き、雪崩に関する知識や対処法を伝授する非営利組織「Cyberspace Snow and Avalanche Center」の代表。

マイケル・G・フロドゥル 特に、ソマリア連邦共和国、ナイジェリア連邦共和国、東南アジア、カリブ海での海賊行為に関して引受業者や海運業者の相談役を担っている。
www.c-level.us.com

ブラッドリー・ジェリル 監査役員、おとり捜査官としてニューヨーク警察署の麻薬課に10年間勤めた。

デール・ギブソン　数百作以上のコマーシャルや映画でスタントや進行係を務めたスタントマン。

ビル・ハーグローブ　ペンシルベニア州で10年の経験を積んだ、資格を持った鍵師。

トロイ・ハートマン　世界でもトップクラスのスカイダイバーであり、スノーボードとスカイダイビングを融合させた"スカイサーフィン"の先駆者である。1997年には、さまざまなエクストリームスポーツを集めた競技大会「Xゲームズ」で、スカイサーフィンのチャンピオンに輝く。現在は専用のジェットパックのデザインを行っている。

ジェフリー・ハイト医師　ボストン地区の病棟総合医。

ジョン・ヘンケル　アメリカ食品医薬品局（FDA）のコミュニケーション・マネージャー。同局が発行していた情報誌にも寄稿していた。

ハーブ・ホールター　受刑者の刑罰、連邦刑務所制度、収監に代わる更生プログラムの開発などに対処する専門家の集まり、「National Center on Institutions and Alternatives」の最高責任者兼、共同設立者。300箇所以上の刑務所を訪れ、何千人もの囚人にカウンセリングを行ってきた（有名な詐欺師バーナード・マドフにもカウンセリングを行った経験を持つ）。

デイブ・ホルダー　北米にアウトドアを広めた人物のひとり。イギリス軍に20年間も従事し、現在は自然ガイド、テレビ業界のサバイバルコンサルタント、カナダ赤十字の応急処置インストラクターなどを務める。カナディアン・ロッキーでは、10年近くイギリス軍とカナダ軍にサバイバル技

術の指導をしていた。

アメリカ合衆国農務省農業研究サービスのミツバチ研究部

フアン・ホリージョ博士　テキサスＡ＆Ｍ大学のカレッジ・オブ・エンジニアリングで海洋学の准教授を務める。自身も同大学で、津波予測のための数値ツールを開発した。

アンドリュー・Ｐ・ジェンキンス博士　ＷＥＭＴ（野外救急救命士）であり、セントラル・ワシントン大学の名誉教授。科目は地域保健と体育。生理学、サバイバル中の緊急医療、山岳救助などの訓練を受けている。

ジョー・ジェニングス　スカイダイビングの撮影技師兼、調整専門家。『チャーリーズ・エンジェル』、『トリプルＸ』、『エアフォース・ワン』などの多くの映画でスカイダイビングのシーンの演出、撮影を担当。

キム・カハナ　『リーサル・ウェポン３』、『パッセンジャー57』、『トランザム7000』など、300作以上の映画でスタントを務めた伝説のスタントマン。

アンドリュー・カラム　保健物理学者、放射線を安全に扱うための有資格者であり、放射性物質を用いたテロ攻撃と、放射性物質の管理を専門とした著書もある。国際原子力機関（ＩＡＥＡ）や国際刑事警察機構などの機関へのコンサルタントも行う。

マシュー・ケネディ　カナダのオンタリオ州でオリンピックスタイルのボクシング運営を行う「ボクシング・オンタリオ」の常任理事。
www.boxingontario.com

ヒュービー・カーンズ　一流の運転技術を教える二世のスタントマン。ハリウッドを代表するスタントマンを多数擁する会社「Drivers Inc.」の経営者でもある。『ワイルド・スピード』、『ラッシュアワー』、『ジョーズ』など、数多くの映画やコマーシャルに出演している。
www.driversinc.com

ベンジャミン・キルハム医師　野生生物学者。著書には『Among the Bears: Raising Orphan Cubs in the Wild』や『In the Company of Bears: What Black Bears Have Taught Me About Intelligence and Intuition』などがある。

キャピー・コッツ　米国ボクシング連盟に認定されたコーチ兼インストラクター。『Boxing for Everyone』の著者。

カール・S・クルシェルニキ　物理学者のジュリアス・サマー・ミラーと共にシドニー大学で物理学を研究し、『Karl, The Universe and Everything』など43冊の著書を発表している。

米国気象学会の「ライトニング・セーフティ・グループ」

ジョン・リンドナー　「Colorado Mountain Club」の「Wilderness Survival School」のデンバー地区理事長を務める。公共事業団体や政府機関に山岳地帯でのサバイバル技術を教える「The Snow Survival School」の「Safety-One Training」でも指導していた。

グラント・S・リップマン医師（米国救急医学会の特別研究員）　スタンフォード大学救急救命科臨床准教授。またスタンフォード野生医学セクションとフェローシップの指導も行っている。

デイビッド・M・ローウェル　プロの錠前師。アメリカ錠前師協会という業界団体の登録プログラムを管理していた経歴を持つ。

ポール・マルコウスキ　ペンシルベニア州立大学にて気象学の教授を務める。トルネードの発生、またスーパーセルとトルネードの予測を研究している。世界中で教本として使用されている『Mesoscale Meteorology in Midlatitudes』の共著者でもある。

アーサー・ホーランド・ミッシェル　軍や一般市民が活用できる無人技術を複数の分野にまたがり研究している、バード大学ドローン研究センターの共同責任者。空中査察に関する著書を執筆中。

ビニー・ミンチーロ　テキサスを拠点とするカーレーサー。元スタントカーレースのドライバー。広告モデル、タイプライターのコレクターとしても知られる。コメディ小説『Spare Me』の共著者でもある。
www.glasshousestrategy.com

ミネソタ州天然資源局（Minnesota DNR）

国立地震情報センター（NEIC）

アメリカ国立気象局（コロラド州デンバー）

ジム・H・ニシミネ医師（米国産婦人科医会会員）　カリフォルニア州バークリーの開業医。カリフォルニア大学サンフランシスコ校では産婦人科の臨床学教授を務める。

ダグ・ノル 40年に及ぶ実務経験を積んだ、プロの仲裁人。『De-Escalate』の著者で、雑誌『Fortune』が発表する上位500社を対象に、感情や紛争の生物学的起源への理解を深めるために講義を行っている。
www.dougnoll.com

ペンシルベニア公共事業委員会（Pennsylvania PUC）

ラッセル・クインビー 鉄道の安全を守るコンサルタント。かつては設備、線路、そして運行安全委員会の調査を担当しており、鉄道や鉄道輸送の事故現場の監督も担っていた。機関車の操縦資格を持ち、インストラクターでもある。
www.quimbyconsultingllc.weebly.com

Ready 米国国土安全保障省が運営するサイト。あらゆる災害や緊急事態への対処法が紹介されている。
www.Ready.gov

「Real World Rescue」の主任コンサルタント

ティム・リチャードソン セネカカレッジとトロント大学の教授。サイバーセキュリティ、インターネットを悪用した詐欺、電子商取引が専門。
www.witiger.com

リン・ロジャース博士 ミネソタ州エリにある「Wildlife Research Institute」で野生動物研究をする生物学者。「North American Bear Center」の館長も務める。

デビッド・ローズ 『Enchanted Objects: Design, Human Desire, and the Internet of Things』の著者。MITメディアラボの講演者でもあり、アンビエントデバイスの生みの親でもあ

る。アイウェアブランド「ワービーパーカー」の視覚技術部の部長。
www.enchantedobjects.com

チャールズ・シャック　元ニューハンプシャー州警察官。30年間、保険会社や弁護士と共に事故現場の再現を行っている。死者が出る深刻な事故を個人で数百件も担当し、6000件もの事故を分析してきた。
www.crashexperts.com

グレタ・シャンネン　雑誌『Sailing Magazine』の編集長。レースとクルージングの両方で長距離セーリングの経験を持つ。

ジェレミー・シャーマン博士　雑誌『Psychology Today』、ニュースサイト「AlterNet」への寄稿や、大学での幅広い社会科学の講義で活躍する、自称"心と肛門の専門医"。

ティム・スモーリー　元船乗り。安全性の専門家としてミネソタDNR（Department of Natural Resources）と米軍の「Cold Regions Research and Engineering Lab」に所属していた。

ウィル・スチュワート　フォトニクス（光工学）、コミュニケーション術、電磁気学の専門家。英国工学技術学会、王立工学アカデミー、アメリカ光学会の特別研究員でもある。

ゼブ・テイト　トロント大学で電気工学と計算機工学の准教授を務める。新たな測定法とプロセッサ技術を用いることで、送電線の信頼性を高めることに情熱を注いでいる。

アンディ・トーベット　映像作家兼スタントマン。パラシュート部隊、ダイバー、爆発物処理班として、英軍特殊部隊に10年間仕えた。
www.andytorbet.com

アメリカ地質調査所（USGS）

アメリカ合衆国保健福祉省（HHS）

ビッキー・バルツ　ニューイングランドの航空学校「Horizon Aviation」の操縦教官長。同校で10年間、教鞭を執っている。ケープコッド在住。滑走路がある居住エリア "エアパーク" に暮らしており、通勤には飛行機を使用している。
www.horizonaviation.com

ジョン・ヴァン・ホーン医師助手　オレゴン州ポートランドで外傷専門の助手を務めている。過去26年間で、何度も軍に派遣された経歴を持つ。

デイブ・ウェルチ　「Institute of Explosive Engineers」の理事長。世界最先端の爆発物処理会社である「Ramora UK」の経営者でもある。

マイク・ウィルバンクス　爬虫類専門店「Wilbanks Captive Bred Reptiles」のオーナー。

ティム・ウィリアムズ　フロリダ州オーランドにあるワニ園「ゲーターランド」に30年近く勤め、アリゲーターの世話に奮闘する職員の教育も担当している。

ジム・ウィンバーン　2つの遊園地で行われるショーの監督兼スタントのコーディネーター。担当しているのは "バッ

トマン” と “バッチ・アンド・サンダンス・ウェスタン・ショー”。

ガイ・ウィンザー医師　カウンセリングも行う剣術家、作家。「The School of European Swordmanship」の設立者でもある。中世を舞台としたカードゲーム “Audatia” の発案者。中世・ルネッサンス期におけるイタリアの剣術を研究、再現する専門家でもある。
www.guywindsor.net/blog/

メリッサ・ジムダース博士　『Fake News: Understanding Media and Misinformation in the Digital Age』（マサチューセッツ工科大学出版局）の共同編集者。メリマックカレッジではコミュニケーション学の准教授を務める。

アル・チューリッヒ　メリーランド州ベル・エアにある「Hartford Reptile Breeding Center」（ハーフォード爬虫類繁殖センター）の責任者。

著者・訳者について

ジョシュア・ペイビン　ナイフを振り回す悪漢にバイクで追い回されたり（無事に逃げきった）、荒れ狂う猛吹雪の中スキーリフトに取り残されたり（無事に救助された）、腎臓結石になったりした（無事に摘出した）。
www.joshuapiven.com

デビッド・ボーゲニクト　これまでに、ガラガラヘビ、クマ、ピューマに遭遇して逃げきっている（遠くから目撃しただけかも）。さらに、路上強盗、詐欺師、十代の我が子からも逃げきった経験がある。フィラデルフィア在住で、独立系書籍出版社のクォークブックスを設立している。
www.quirkbooks.com

本書に掲載しきれなかったサバイバル術、情報のアップデート、専門家への質問などをご希望の方は、ぜひサイトでお目にかかりましょう！
www.worstcasescenario.com

梅澤乃奈（うめざわ・のな）　さまざまな職を経験したのちに「本当にやりたいことは何だろう」と考え、翻訳の道を志す。字幕担当作品にNetflix配信『ミス・アメリカーナ』や『3人のキリスト』、ディズニープラス配信『ザ・シンプソンズ』などがある。

訳者あとがき

　読者の皆さんは、砂漠で遭難したことがあるだろうか？海賊に追いかけられたことは？　海中でサメとでくわしたことは？　おそらく9割方の読者が「あるわけない」と思っただろう。では、今後一生、絶対に、なにがなんでも、そういった状況に陥らないと言いきれるだろうか。世界情勢や地球環境に変化が起きている昨今、自分で身を守らねばならないときがいつ訪れるかわからない。本書の冒頭にもあったが、一瞬の出来事で生死を分けるのは、頭の片隅で眠っていた「記憶」と「知識」なのかもしれない。

　さて、訳者あとがきを書くにあたり、本書で紹介されているサバイバル術を実践してみるべきなのではと考えた。では、生き埋めにされてみるか？　幸い近所には大きな公園があるので、埋められる場所には苦労しない。しかし、自分で穴を掘るまではまだしも、埋めるのは不可能だ。協力者を募るほかない。知り合いの翻訳者が協力しようかと申し出てくれたが、どことなく目が本気だったので丁重にお断りさせていただいた。

　では、車を使ってカッコよくターンを決めてみるか？これなら1人でもできる。ただ、訳者は筋金入りのペーパードライバーである。ハリウッド映画ばりにカーアクションを決めたいところだったが、車を全損させる未来しか見えなかったのでやめておいた。

ドアをぶち破るのも、賃貸なのでダメージが大きすぎる。橋や崖から川へ飛びこむのは恐いしイヤだ。GPSなしで目的地に辿り着く？　GPSがあっても迷うのに？

　どうしたものかと目次を見つめていたが、思わず「これだ」と声が出た。「大声で駄々をこねる子供に遭遇した場合」だ（※詳しくは212ページをご参照いただきたい）。我が家に子供はいないし、飛行機や列車の旅に出る予定もない。しかし幸か不幸か、マンションの外壁工事が始まっており、連日のように騒音が鳴り響いている。

　まず、最も窓に近い場所から離れて距離を保った。次にヘッドホンを装着する。睡眠用の耳栓があったのでガムの出番はない。Tシャツとネックピローを装着し、ハッピーになれる場所を想像する。強めのカクテルを飲んで気絶する工程は省いた。気絶してしまっては、あとがきが書けなくなる。

　結果を報告すると、間に合わせの応急措置としてはかなり有効だということが判明した。もともと想像力には自信があるので、ハッピーな場所を想像する手順で才能を発揮しすぎた感は否めない。端から見ればかなり怪しい人物になってしまうので、周りの目を気にしない強靱な心を手に入れておく必要があるが、どうしても音や声が気になってしまうという状況では、試してみても損はない……かもしれない。

梅澤乃奈

もしもワニに
襲われたら

2023年1月18日　第1刷発行

著者	ジョシュア・ペイビン／デビッド・ボーゲニクト
訳者	梅澤乃奈
デザイン	周田心語（文響社デザイン室）
本文組版	（有）エヴリ・シンク
編集協力	渡辺のぞみ
編集	畑北斗
発行者	山本周嗣
発行所	株式会社文響社

〒105-0001

東京都港区虎ノ門2-2-5 共同通信会館9F

ホームページ	https://bunkyosha.com
お問い合わせ	info@bunkyosha.com
印刷・製本	中央精版印刷株式会社

本書の全部または一部を無断で複製（コピー）することは、著作権法上の例外を除いて禁じられています。
購入者以外の第三者による本書のいかなる電子複製も一切認められておりません。
定価はカバーに表示してあります。
©2023　Nona Umezawa
ISBNコード：978-4-86651-586-1
本書に関するご意見・ご感想をお寄せいただく場合は、郵送またはメール（info@bunkyosha.com）にて
お送りください。